von Kopf bis Fuß auf LERNEN eingestellt

Ein munteres Lernhandbuch

von
Harald Groß
Nikolaas Boden
Betty Boden

Gert Schilling Verlag

Lektorat:
Erdmute Otto, Neu Darchau / Drethem

Korrektorat:
Rita Groß, Bodnegg
Jutta Wepler, Berlin

© Gert Schilling Verlag, Berlin 2006, 3. Auflage
Alle Rechte vorbehalten

Harald Groß
Nikolaas Boden
Betty Boden

Wir danken für 207 m Abstand zum Buch …

Von Kopf bis Fuß auf Lernen eingestellt
Ein munteres Lernhandbuch

Gert Schilling Verlag, Berlin 2006, 3. Auflage
ISBN 3-930816-17-2
www.schilling-verlag.de
www.orbium.de

Was steckt drin?
Inhaltsverzeichnis

Vorwort von Prof. Dr. Klaus Döring — 5

1 So kann's gehen

Gebrauchsanweisung — 9

1.1 Ihrem persönlichen Lernprofil auf der Spur – wie lernen Sie? — 9

1.2 Viele Angebote – Sie haben die Wahl — 10

1.3 Ziemlich praktisch – ein Buch für Anwender — 10

1.4 Übungen und Experimente – machen Sie mit! — 11

1.5 Mehr als nur das Köpfchen – von Kopf bis Fuß dabei — 11

Von Kopf bis Fuß …

   … voll tanken — 12

2 Neues Buch – neues Glück

Eine Lesestrategie zum Einstieg — 13

2.1 30 Minuten — 13

2.2 Die Erstbesichtigung — 14

2.3 Ziehen Sie ein? — 16

Von Kopf bis Fuß …

   … beweglich bleiben — 17

3 Wo drückt der Schuh?

Acht Lernschritte, auf die es ankommt — 18

3.1 Wie verhext — 18

3.2 Tief Luft holen — 19

3.3 Ein- und ausatmen — 20

Von Kopf bis Fuß …

   … lauthals lachen — 26

4 Der Mix macht's

Verschiedene Lernwege — 27

4.1 Bloß nicht täglich Pellkartoffeln! — 27

4.2 Fünf Lerntypen stellen sich vor — 29

   Kommunizierender Karl — 30

   Agierende Agnes — 32

| Von Kopf bis Fuß auf **Lernen** eingestellt |

        Visueller Viktor — 34

        Analysierende Anna — 36

        Auditive Adelheid — 38

4.3   Im Team unschlagbar — 40

4.4   Das neue Handy — 42

4.5   Vokabeltraining — 45

Von Kopf bis Fuß ...

        ... selig schlafen — 50

5   Das Lernen ist eine Baustelle

Lernstoff strukturieren und visualisieren — 51

5.1   Ein Bauexperiment — 51

5.2   Sie sind Baumeister — 53

5.3   Bauverfahren — 55

5.4   Ihr Baugewinn — 62

5.5   Schwierigkeiten am Bau — 63

5.6   Bautipps — 64

5.7   Bauen Sie – ein Übungstext — 66

5.8   Richtfest — 68

Von Kopf bis Fuß ...

        ... Dampf ablassen — 70

6   Merkwürdig – das merk' ich mir

Gut speichern mit Lernbrücken — 71

6.1   Das merk' ich mir — 71

6.2   Aufgemerkt! — 72

6.3   Kluge Esel — 72

6.4   Den Schatz nutzen — 73

6.5   So bauen Sie eine Lernbrücke — 77

6.6   Erinnern Sie sich? — 79

6.7   Sechs spezielle Merktechniken — 80

6.8   Sechs Merktipps — 96

6.9   Übung: Woher kommen Ihre Geldscheine? — 100

Von Kopf bis Fuß ...

        ... kräftig zubeißen — 104

7 Das Lernspiel fest im Griff

Erfolgreiche Lernorganisation — 105

- 7.1 Wozu ein Coach? — 105
- 7.2 Das Tor oder: Wie sieht Ihr Lernziel aus? — 106
- 7.3 Viele Bälle im Spiel oder: Was mache ich zuerst? — 112
- 7.4 Warm-up oder: Was ist vor dem Lernen zu tun? — 117
- 7.5 Trainingszeiten oder: Wann ist die beste Lernzeit? — 120
- 7.6 Beim nächsten Spiel wird alles anders oder: Was wird aus den guten Vorsätzen? — 122

Von Kopf bis Fuß ...

> *... genüsslich faulenzen* — 124

8 Play it again, Sam

Lernstoff wiederholen — 125

- 8.1 Wiederholen ist keine Zeitverschwendung — 125
- 8.2 Wiederholungsfrust? — 126
- 8.3 Erfolgreiches Wiederholen — 127
- 8.4 Spezielle Wiederholungstechniken — 131
- 8.5 »Da capo al fine« — 142

9 Tiefer blicken

Literatur — 145

10 Suchen und finden

Stichworte — 147

Vorwort

Tennis spielen lernt man nur durch »angeleitetes Tennis spielen«, nicht durch Diskussionen über Tennis spielen ... So auch beim Lernen: Wer das Lernen lernen will, muss also unter Anleitung die Praxis seines Lernens ausgestalten, muss vom Nachdenken ins lernende Tun kommen ...

Erfolgreiches und nachhaltiges Lernen Erwachsener ist letztlich nur möglich als eine »Veranstaltung« reflektierten Selbstmanagements. Der vorliegende Band will als Praxisanleitung dieses Selbstmanagement anstoßen und ermöglichen. Er will einerseits dabei helfen, dem eigenen Lernen auf die Spur zu kommen, will aber andererseits zum Mitmachen, zum couragierten Tun, zum Ausprobieren (ver)führen.

»Ich wünschte, ich wäre ein Storch, da könnte ich fliegen!«, sagte der eine Regenwurm zum anderen. »Da wäre ich schon lieber zwei Störche«, sagte der andere, »dann könnte ich sehen, wie ich fliege!« – Es ist eine ärgerliche, äußerst leichtfertige und hochgradig wirkungslose Art, wie das Lernen in unseren Bildungseinrichtungen organisiert wird: In unseren Schulen, Hochschulen und Universitäten ebenso wie in der beruflichen Aus- und Weiterbildung wird nämlich einfach nur »geflogen« (= gelernt), nicht jedoch »Bewusstsein für Lernen« (= »Sehen wie ich fliege«) erzeugt. Über Techniken des Selbstmanagements (beim Lernen) verfügen bedeutet demnach, über Lerntechniken zum bewussten Ausgestalten der eigenen Lernpraxis zu gelangen.

Lernen heißt Leben, heißt Neues entdecken, mehr zu wissen, genauer zu bewerten, selbstbewusster zu entscheiden, differenzierter zu urteilen, präziser und zielgerichteter zu handeln usw. Das Lernen des Lernens zu lernen heißt also, die Persönlichkeit zu entwickeln. Freude und Spaß am Lernen zu gewinnen bedeutet demnach, Freude und Spaß am Leben und der eigenen Entwicklung zu finden.

Das Buch will genau dazu einen eigenen kreativen Beitrag leisten. Daher ist ihm eine breite Leserschaft zu wünschen.

Prof. Dr. Klaus W. Döring

Hallo und guten Tag,

ein herzliches Willkommen auf den ersten Seiten Ihres neuen Lernhandbuchs! Wir freuen uns über Ihr Interesse und laden Sie ein, mit uns ein paar muntere Lese- und Lernstunden zu verbringen.

Worauf können Sie sich freuen?

Auf eine Mischung aus wissenswerten Sachinformationen, praktischen Lernmethoden und überraschenden Experimenten rund ums Lernen ... und auf viele erfrischende Abbildungen.

Zahlreiche Ideen, die Sie in diesem Buch finden, entstanden im Rahmen von unseren Lerntrainings in Schulen, Universitäten und Unternehmen. Wir danken allen Lernenden für ihre kreativen Anregungen und ihre Lust am Ausprobieren. Ein wertvolles Experimentierfeld für dieses Buch war der Studiengang Weiterbildungsmanagement an der TU Berlin. Herzlichen Dank den Studierenden und Dozenten unter der Leitung von Prof. Dr. Klaus Döring.

Nun aber frisch hineingesprungen in unser Thema! Wir wünschen Ihnen viel Neugier beim Lesen und jede Menge Spaß und Erfolg beim Weiterlernen!

1 So kann's gehen
Gebrauchsanweisung

1.1 Ihrem persönlichen Lernprofil auf der Spur – wie lernen Sie?

1.2 Viele Angebote – Sie haben die Wahl

1.3 Übungen und Experimente – machen Sie mit!

1.4 Ziemlich praktisch – ein Buch für Anwender

1.5 Mehr als nur das Köpfchen – von Kopf bis Fuß dabei

1.1 Ihrem persönlichen Lernprofil auf der Spur – wie lernen Sie?

Sicherlich haben Sie die folgende Situation auch schon einmal erlebt: Sie lernen gemeinsam mit Kollegen oder Freunden. Verblüfft beobachten Sie, wie die anderen vorgehen, wie sie den Lernstoff anpacken. Insgeheim stellen Sie für sich fest: »So hätte ich die Sache nie angefangen« oder: »Ich wäre gar nicht auf die Idee gekommen, das so zu machen oder mir solche Wege auszudenken.«

Gleicher Lernstoff – viele Lernwege, viele Blickwinkel. Der Philosoph Heinz von Foerster beschreibt es so:

»Lernen ist so einzigartig wie ein Gesicht.«

Mit diesem Buch wollen wir Sie anregen, über Ihr »Lerngesicht« nachzudenken.

»Wie ist das bei Ihnen?«, lautet daher immer wieder eine unserer Hauptfragen an Sie.

An vielen Stellen bekommen Sie die Gelegenheit, innezuhalten und sich selbst beim Lernen zu beobachten. Unser Rat: Nutzen Sie diese Chancen. Denn je besser Sie Ihr persönliches Lernprofil kennen lernen, je genauer Sie herausfinden, was Ihnen beim Lernen gut tut und hilft, desto leichter können Sie für sich selbst die optimalen Lernbedingungen schaffen und die entsprechenden Lernwege einschlagen.

1.2 Viele Angebote – Sie haben die Wahl

Bei so unterschiedlichen Lerngesichtern ist natürlich eines klar: Pauschale Lösungen, die für jeden Menschen gut sind, gibt es kaum. Was dem einen hilft, kann den anderen sogar hemmen.

Alle beschriebenen Techniken und Strategien sind daher als Vorschläge, als Anregungen zu verstehen. Ihre Aufgabe ist dabei:

Schauen Sie sich die Ideen an, probieren Sie die Methoden aus, und überlegen Sie:

»Passt das zu mir?«

»Könnte mir das helfen?«

»Will ich so lernen?«

Wir ermuntern Sie, ruhig auch einmal Techniken zu erproben, bei denen Sie auf den ersten Blick vermuten, dass sie nicht zu Ihnen passen. Vielleicht entdecken Sie dabei überraschend noch ganz neue Wege für sich.

1.3 Ziemlich praktisch – ein Buch für Anwender

Dieses Buch ist für Menschen geschrieben, die in Schule, Ausbildung, Studium, Freizeit oder Beruf lernen wollen – oder müssen – und die gute Ideen für erfolgreiches Lernen suchen. Konkrete Beispiele, viele Gedanken und Erfahrungen von Teilnehmern aus unseren Lerntrainings bringen den praktischen Lernalltag in das Buch.

Das Lernbuch erhebt keinen wissenschaftlichen, sondern vielmehr einen praktischen Anspruch: Es soll Ihnen Lernstrategien so vorstellen, dass Sie sie auf Ihre eigenen Lernfelder übertragen und erfolgreich anwenden können. Und natürlich soll es Ihre Lust am Ausprobieren und Weiterlernen wecken und erhalten!

1.4 Übungen und Experimente
– machen Sie mit!

»Probieren geht über Studieren«, heißt es sprichwörtlich. In diesem Buch finden Sie beides: Gelegenheiten zum Studieren und Möglichkeiten zum Probieren.

Immer wieder geben wir Ihnen Anregungen, die vorgestellten Lernwege mit praktischen Übungen zu testen. Sie können selbst sehen, ob und wie die Techniken bei Ihnen funktionieren. Und wer will, kann ganz nebenbei eine Menge Nützliches und Nutzloses lernen. Zum Beispiel, aus welchen Ländern die Euroscheine in Ihrem Geldbeutel kommen ...

Was Sie zum munteren Mitmachen brauchen? Zeit sollten Sie mitbringen, Papier und Stift bereithalten und vor allem neugierig sein auf das, was kommt.

1.5 Mehr als nur das Köpfchen
– von Kopf bis Fuß dabei

Beim Lernen ist vor allem der Kopf aktiv. Das Gehirn ist gefordert, Informationen zu verarbeiten, zu speichern und wieder abzurufen. Ihr denkender Kopf steht daher im Mittelpunkt des Buches.

Aber nicht allein Ihr Gehirn hat Einfluss auf den Lernerfolg. Sie sind als ganzer Mensch am Lernen beteiligt: mit Ihren Stimmungen, Wünschen und Ihrem körperlichen Zustand. Wer nur den Kopf im Blick hat, gerät leicht aus dem Gleichgewicht. Damit Ihnen das nicht passiert, sprechen wir Sie vor Beginn jedes Kapitels »von Kopf bis Fuß« an. Auf jeweils einer Seite finden Sie kleine, aber wirkungsvolle Hinweise dazu, wie Sie Ihrem Körper das Lernen leicht und angenehm machen können.

... voll tanken

Beim Auto warnt die Tankuhr, wenn der Treibstoff knapp wird.

Kennen Sie die Warnsignale Ihres Körpers, wenn er zu wenig Flüssigkeit bekommt? Viele Menschen verspüren dann noch keinen Durst. Wenn Sie sich schlapp fühlen, Kopfschmerzen bekommen und sich schwer konzentrieren können, steht Ihre Tankuhr möglicherweise bereits auf Rot.

So weit sollten Sie es nicht kommen lassen. Wer konzentriert lernt, braucht ausreichend Flüssigkeit. 2 bis 3 Liter sollten Sie Ihrem Körper täglich gönnen. Trinken Sie reichlich Wasser und Tee (jedoch keinen schwarzen Tee und Kaffee, denn diese entziehen Ihrem Körper Flüssigkeit).

Tipp: Führen Sie ein Trinktagebuch

Trainieren Sie regelmäßiges Trinken mit einem Trinktagebuch. Notieren Sie Ihre Trinkerfolge. Tragen Sie Zeit, Menge und Getränk in einer Tabelle ein, und beobachten Sie, wie viel täglich zusammenkommt. Sie werden sehen: Mit dem Blick auf Ihr Trinkbuch steigern Sie Ihr Pensum sichtbar und leiden weniger unter trockenem Lernstoff ...

2 Neues Buch – neues Glück
Eine Lesestrategie zum Einstieg

2.1 30 Minuten

2.2 Die Erstbesichtigung

2.3 Ziehen Sie ein?

2.1 30 Minuten

Täglich kommen neue, spannende Veröffentlichungen in Form von Büchern, Zeitschriften und Internetseiten auf den Markt. Wer Spaß am Lesen hat und sich Zeit dafür nimmt, kann eine Menge lernen.

Die Fülle an Lesestoff kann aber auch erschlagen. Selbst viele Lesehungrige fühlen sich von langen Literaturlisten oder Buchbergen auf dem Schreibtisch erdrückt. Lesen kostet einfach viel Zeit. Ärgerlich, wenn man erst nach hundert Seiten merkt, dass ein Buch keine wirklichen Antworten auf die eigenen Fragen bietet.

Bei der Unmenge an möglichem Lesestoff allein im Bereich von Sachbüchern und Zeitschriften ist also zuerst eines wichtig: Die richtige Auswahl zu treffen – und das mit möglichst geringem Aufwand.

Nun liegt dieses Buch vor Ihnen. Ist es wirklich das Richtige für Ihren Zweck? Wie wollen Sie es nutzen?

Erproben Sie gleich zu Beginn eine Lesestrategie, die Sie dabei unterstützt,

- einen Überblick über das Buch zu gewinnen,
- herauszufinden, welche Kapitel für Sie besonders interessant sind,
- und vor allem: zu entscheiden, ob Sie dieses Buch wirklich lesen wollen.

Für das folgende Leseexperiment brauchen Sie 30 Minuten Zeit, Papier und Stift.

2.2 Die Erstbesichtigung

Wann haben Sie zum letzten Mal ein neues Zuhause gesucht? Erinnern Sie sich an die Wohnungsbesichtigungen! Sie betraten eine Wohnung, schauten in alle Räume und machten sich ein erstes Bild. Und dabei überlegten Sie, ob Größe und Aufteilung, Preis und Lage zu Ihnen passten.

Zu einer solchen ersten Besichtigung begrüßen wir Sie jetzt in diesem Buch. Wir laden Sie zu einem schnellen Rundgang ein. Sechs Leitfragen werden Sie durch die Seiten führen. Ihre Aufgabe ist es, Ihre persönlichen Antworten zu finden und sie in einem Besichtigungsprotokoll zu vermerken. Stellen Sie sich vor, Sie wollten später Freunden oder Kollegen von der Besichtigung erzählen.

Die sechs Leitfragen

1 Erster Eindruck oder: Was sehen Sie?

Bei einer Wohnungsbesichtigung drehen Sie neugierig eine erste Runde durch alle Räume. Sie öffnen vielleicht verschlossene Rollläden und lassen Licht herein. Genau damit startet auch Ihre Buchbesichtigung.

Blättern Sie ein paar Minuten durch das Buch, studieren Sie Klappentext und Vorwort. Dabei suchen Sie eine zusammenfassende Antwort auf die Schlüsselfrage:

Worum geht es in diesem Buch?

2 Eigentümer und Baujahr oder: Wer schrieb wann?

Der Eigentümer und das Alter eines potentiellen neuen Domizils gehören zu den wichtigen Aspekten, die Sie bei einer Besichtigung auf sich wirken lassen. Ihr nächster Blick gilt Autor, Verlag und Erscheinungsjahr des Titels. Informationen dazu sind häufig vorne im Impressum, im Vorwort, am Ende und auf der hinteren Umschlagseite zu finden. Auch die Literaturangaben informieren über die Aktualität des Buches.

Was erfahren Sie über die Autoren oder den Verlag?

Wann wurde das Buch geschrieben? Wurde es später noch einmal überarbeitet?

5 Testwohnen oder: Die erste Leseprobe

Was Sie in der Regel bei Wohnungen nicht dürfen, hier ist es möglich: Verweilen Sie nun bei einem Kapitel Ihrer Wahl. Lesen Sie einige Seiten. Fassen Sie den Inhalt Ihrer Leseprobe kurz zusammen.

Was haben Sie bei der Leseprobe erfahren?

3 Architektur oder: Wie ist das Buch aufgebaut?

Hinweise zum Aufbau des Buches liefern das Inhaltsverzeichnis und ein weiterer Blick durch die Kapitel und den Anhang, falls es einen gibt.

In welche Teile und Hauptkapitel ist das Buch gegliedert?

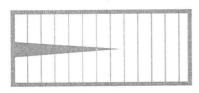

6 Drei Sterne? Oder: Wie bewerten Sie das Buch?

Sie haben sich etwa eine halbe Stunde mit dem Buch befasst. Wie bewerten Sie das Buch nach der Erstbesichtigung?

Hier ein paar Kriterien, damit es nicht bei einem allgemeinen Bauchgefühl bleibt.

Sind die Inhalte interessant und bedeutsam für mich?

Sind die Informationen neu für mich?

Sind Sie auf dem aktuellen Stand? Scheinen Sie fundiert?

Sind Text, Abbildungen und Tabellen verständlich für mich?

Scheint mir der Aufbau für das Anliegen des Buches sinnvoll?

Sind die Illustrationen hilfreich für mich?

4 Lieblingsräume oder: Was interessiert Sie besonders?

Sind Sie beim Blättern oder im Inhaltsverzeichnis bereits auf Kapitel und Themen oder Seiten gestoßen, an denen Sie sich schon fast festgelesen hätten? Gehen Sie noch einmal Ihre Notizen durch. Überlegen Sie:

Worauf sind Sie besonders neugierig?

Was interessiert Sie an diesem Buch?

Jetzt kommen die entscheidenden Fragen:

Wollen Sie das Buch wirklich lesen?

Ganz?

Oder welche Teile?

2.3 Ziehen Sie ein?

Zu welchem Gesamtergebnis sind Sie für dieses Buch gekommen? Wir hoffen natürlich, dass Sie sich entschieden haben, »Von Kopf bis Fuß auf Lernen eingestellt« zu lesen. Beim Experiment ging es jedoch um mehr. Es war eine Chance, die Lesestrategie »Erstbesichtigung« zu erproben.

Wie ist es Ihnen in den 30 Minuten ergangen?

Sind Sie zufrieden, enttäuscht, überrascht über die Ergebnisse Ihrer Besichtigung?

In den Lerntrainings sind viele Lernende bei der »Erstbesichtigung« eines Buches anfangs unsicher. Martina erzählt:

»Erst wusste ich nicht, was das bringen soll. In einer halben Stunde erfährt man ja nicht viel. Aber hinterher war ich ganz schön überrascht, was rauskam. Ich hab' eine Menge über das Buch erfahren und kenn' mich jetzt darin aus. Manche Abschnitte brauch' ich gar nicht mehr zu lesen.«

Probieren Sie es einfach bei den nächsten Sach- oder Fachbüchern aus. Die 30 Minuten für die Erstbesichtigung lohnen sich.

Von einem schönen Weg, mit der Methode vertraut zu werden, berichtet Sebastian:

»Samstags zieht es mich beim Bummeln manchmal in meine Lieblingsbuchhandlung. Ich such' mir zwei Bücher aus, die mich besonders ansprechen. Die nehm' ich mir dort für eine Besichtigung vor. Wenn ich meiner Freundin (die zwischenzeitlich in anderen Geschäften die Wirtschaft ankurbelt) später erzähle, was ich alles herausbekommen habe, ist sie immer erfreut.«

... beweglich bleiben

Sind Sie beim Lernen ein Dauersitzer? Das ist anstrengend für den Körper, auch wenn Sie dies vielleicht gar nicht spüren. Übersäuerung, Verspannungen in Nacken und Rücken, Müdigkeit oder Kopfschmerzen sind häufige Symptome.

Nutzen Sie als Vielsitzer jede Bewegungschance, beispielsweise wenn Sie etwas nachschlagen möchten oder der Teebecher leer ist. Machen Sie dabei einen Umweg in Ihrer Wohnung. Und: Dehnen Sie sich nach allen Seiten. Bringen Sie Ihren Körper spätestens nach jeder Stunde kurz in Schwung.

Zum Beispiel so:

1. Räkeln Sie sich wie eine Katze. Strecken Sie sich aus, machen Sie sich lang; gähnen und ächzen Sie nach Herzenslust.

2. Stehen Sie auf, kreisen und lockern Sie die Schultern. Schütteln Sie Arme und Beine aus.

3. Drehen Sie Ihre Lieblingsmusik auf und tanzen Sie.

Es muss nicht gleich ein vollständiges Sportprogramm sein. Ein paar Minuten reichen vollkommen aus. Wichtig ist, dass Sie regelmäßig von Kopf bis Fuß in Schwung kommen.

Tipp: Bewegungsmelder

Stellen Sie eine Eieruhr, die Sie nach 45 Minuten aus Ihrer Lerntrance weckt. Wenn Ihr »Bewegungsmelder« ruft, ist es Zeit für ein paar gymnastische Minuten.

3 Wo drückt der Schuh?
Acht Lernschritte, auf die es ankommt

3.1 Wie verhext

3.2 Tief Luft holen

3.3 Ein- und ausatmen

3.1 Wie verhext

Manchmal ist es wie verhext. Sie knien sich in ein Thema rein, lernen und pauken. Und dann stellen Sie fest, dass die Sache doch nicht sitzt wie gewünscht. Irgendwie hat es mit dem Lernen nicht hingehauen. Aber woran es genau liegt, können Sie kaum beschreiben. Ging es Ihnen schon einmal so?

In diesem Kapitel lernen Sie acht Schritte kennen, auf die es beim Lernen ankommt. Mit Hilfe des Lernmodells, das wir Ihnen gleich vorstellen, können Sie schrittweise herausfinden, wo genau Ihre Schwierigkeiten liegen. Je frühzeitiger Sie herausfinden, wo der Schuh gerade drückt, desto effektiver können Sie reagieren und Ihren Lernweg fortsetzen.

3.2 Tief Luft holen

Ein kleines Experiment zum Start:

1. Richten Sie Ihren Körper so auf, dass Sie ohne Mühe tief in den Bauch einatmen können.

2. Wenn Sie wollen, können Sie die Zeit per Sekundenzeiger stoppen.

3. Atmen Sie langsam und ruhig vollständig aus, bis alle Luft aus Ihren Lungen entwichen ist.

4. Geben Sie sich jetzt Ihr persönliches Startzeichen und schauen Sie auf die Uhr.

5. Holen Sie nun tief Luft: Atmen Sie so lange Sie können ein, und halten Sie dann den Atem noch an, so lange Sie können. Vermeiden Sie möglichst lange auszuatmen.

6. Wichtiger Hinweis: Bitte beenden Sie das Experiment, *bevor Ihnen schwindlig und mulmig wird.*

7. Wie lange haben Sie ausgehalten?

_____

Vermutlich konnten Sie das Ausatmen ungefähr eine Minute lang hinauszögern. Wenn Sie Opernsängerin, Posaunist oder Tiefseetaucherin sind, haben Sie es vermutlich auch länger geschafft.

3.3 Ein- und ausatmen

Das Einatmen und das Ausatmen sind zwei Prozesse, die sich in Ihrem Körper täglich tausendfach automatisch abwechseln. Ähnlich lässt sich Lernen beschreiben: Wer lernt, atmet sozusagen den Lernstoff ein und wieder aus. Mit dieser Analogie wird der Lernvorgang von einer sehr praktischen Lerntheorie, dem Informationsverarbeitungsansatz, erklärt. Acht Herausforderungen sollten Sie als Lernende meistern, bis eine Vokabel, eine ungerade Gleichung oder ein Gedicht gelernt ist.

Hier sehen Sie die acht Schritte, allerdings noch ungeordnet.

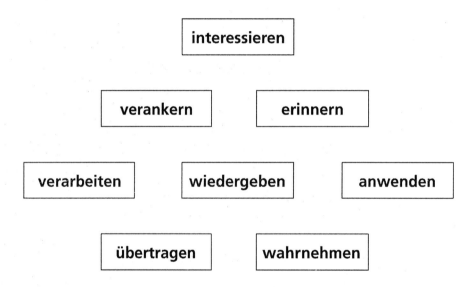

Bitte schauen Sie sich die Tätigkeiten an. Was meinen Sie: In welcher Abfolge verläuft der Lernprozess? Vier Schritte gehören dabei zum Einatmen, vier zum Ausatmen. Ihre Lösung können Sie auf der gegenüberliegenden Seite notieren. Los geht's:

Bei welchen Schritten fiel Ihnen die Einordnung leicht, bei welchen sind Sie unsicher?

| Von Kopf bis Fuß auf **Lernen** eingestellt |

Informationsverarbeitungsverarbeitungsansatz: Acht Lernschritte

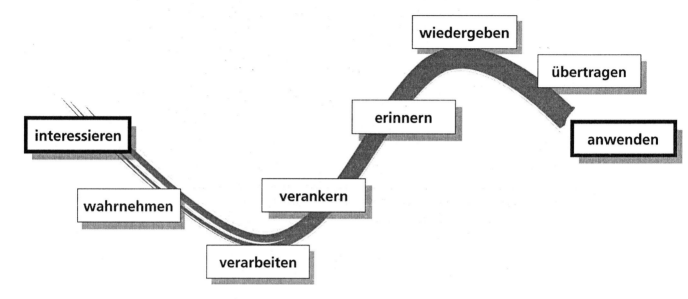

Wurden Ihre Vermutungen bestätigt? Oder sieht Ihre Lösung anders aus? Wo liegen die Unterschiede?

Der Ansatz beschreibt, wie Lernprozesse typischerweise verlaufen. Klar, dass nicht für jede Lernaufgabe alle Schritte zwingend nötig sind. Und nicht bei jedem Lernprozess laufen die Schritte in der vorgestellten Folge ab. Wer zum Beispiel bereits Gelerntes wiederholt, steigt beim Erinnern ein und sorgt durch Wiedergeben gleichzeitig für erneutes Verarbeiten und Verankern. Bei vielen Lerntätigkeiten fließen die Schritte ineinander über.

In der Regel sieht der Lernprozess so aus:

1. Phase: Einatmen

Interessieren

Erste Lernvoraussetzung ist Ihr Interesse. Ohne Neugier an der Sache kostet es sehr viel Kraft, bis zum Ende des Lernweges zu gelangen.

Wahrnehmen

Hörend, sehend, tastend, riechend und schmeckend nehmen Sie den Lernstoff auf.

Verarbeiten

Ihr Gehirn überprüft, ob Sie schon ähnliche Informationen gespeichert haben, mit denen das neue Lernmaterial verbunden werden kann.

Verankern

Nun gilt es, den Lernstoff fest in Ihrem Wissens- und Erfahrungsnetz einzubinden, also zu speichern.

2. Phase: Ausatmen

Erinnern

Sie rufen die gespeicherten Informationen ab.

Wiedergeben

Sprechend oder schreibend drücken Sie das Erlernte aus.

Übertragen

Der Lernstoff gewinnt an Bedeutung, indem Sie Brücken zu Einsatzfeldern, zu Ihrem Alltag und zur Praxis schlagen.

Anwenden

Im letzten Schritt setzen Sie das Gelernte praktisch um.

Auf dieser Seite sehen Sie Gedanken unserer Seminarteilnehmer zu den acht Lernschritten.

»Für mich wurde eines klar: Am meisten beschäftige ich mich mit dem Einatmen. Ich lese wahnsinnig viel. Das ist erst mal pures Einatmen. Und oft bin ich enttäuscht, weil so wenig davon hängen bleibt. Ich glaube, ich sollte viel mehr ausatmen!«

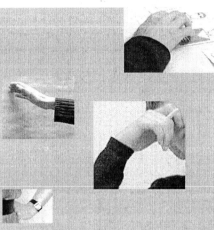

»Verarbeiten gefällt mir gut. Da steckt Arbeit drin, und so ist Lernen oft auch. Ich muss wirklich was investieren, bis ich die Sachen sicher drauf habe.«

»Zwei Schritte mag ich besonders: Übertragen und Anwenden. Die zeigen nämlich, dass es wenig nützt, irgendwas in mich reinzupauken, solange ich nichts damit anfangen kann.«

»Ich war am Anfang überrascht, dass ›Interessieren‹ ein eigener Lernschritt ist. Und noch überraschender fand ich, dass es auch noch ganz am Anfang steht. Aber es stimmt schon. Ich habe es ja oft genug erfahren: Wenn mich die Sache überhaupt nicht interessiert, dann ist es echt ein hartes Brot!«

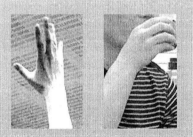

»Das Ganze hat für mich zwei Seiten. Einerseits beruhigt mich, dass es acht Lernschritte sind. Acht Schritte sind eine ganze Menge. Da wundert es mich eben nicht mehr, dass Lernen oft so lange dauert.

Auf der anderen Seite heißt das aber auch, dass ich ganz schön was tun muss, bis eine Sache wirklich gelernt ist. Und das frustriert mich auch ein wenig. Ehrlich gesagt dachte ich, es ginge auch einfacher!«

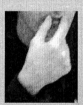

Bitte schauen Sie sich die acht Schritte noch einmal an und überlegen Sie:

Womit beschäftigen Sie sich beim Lernen mehr? Mit dem Einatmen oder mit dem Ausatmen?

_____

_____

Erinnern Sie sich an schwierige Lernsituationen: Über welche Lernschritte sind Sie damals wohl gestolpert?

_____

_____

Können Sie für Ihre nächsten Lernvorhaben ein Fazit aus diesem Lernmodell ziehen? Auf welche Lernschritte oder auf welchen Lernschritt wollen Sie besonders achten?

_____

_____

In den folgenden Kapiteln Ihres Lernbuches finden Sie viele praktische Ideen, wie Sie das Lernen Schritt für Schritt anpacken können!

... lauthals lachen

Wie oft haben Sie heute schon herzhaft gelacht?

Wir finden, dass hierzulande viel zu wenig gelacht wird. Und dabei tut Lachen so gut:

Es befreit, entspannt und bringt einfach gute Stimmung. Lachend lässt sich manche ernste und schwierige Herausforderung viel leichter angehen.

Nutzen Sie jede Lachgelegenheit!

Für weniger lustige Lernzeiten gilt: Humor ist, wenn man trotzdem lernt ...

Tipp: Bloß (nicht) daran denken

Sagen Sie sich in Situationen, in denen Sie besonders ernst wirken wollen, auch manchmal: »Bloß nicht daran denken!«? Geht es Ihnen auch so, dass Sie allein beim Gedanken an eine komische Filmszene, ein lustiges Ereignis oder einen guten Witz die Beherrschung verlieren?

Nutzen Sie diesen Effekt, wenn Sie einmal wenig oder nichts zu lachen haben. Legen Sie sich jetzt vorsorglich fünf Situationen auf einem Spickzettel zurecht, bei denen allein der Gedanke genügt, um fröhlich zu lachen! Auf die können Sie zurückgreifen, wenn es wieder einmal zu ernst geworden ist.

4 Der Mix macht's
Verschiedene Lernwege

4.1 Bloß nicht täglich Pellkartoffeln!

4.2 Fünf Lerntypen stellen sich vor:

   Kommunizierender Karl

   Agierende Agnes

   Visueller Viktor

   Analysierende Anna

   Auditive Adelheid

4.3 Im Team unschlagbar

4.4 Das neue Handy

4.5 Vokabeltraining

Montag

4.1 Bloß nicht täglich Pellkartoffeln!

Stellen Sie sich vor, Sie hätten für Ihr Mittagessen nur Kartoffeln im Vorratsschrank und machten sich nun jeden Tag Pellkartoffeln. Das wäre langweilig, und die Pellkartoffeln würden Ihnen bald zum Halse heraushängen. Etwas angenehmer wäre es bestimmt, wenn Sie mehr aus den Kartoffeln machten. Sie könnten sie auf ganz unterschiedliche Art zubereiten. Mit den gleichen Kartoffeln und ein paar kleinen Zutaten ließe sich schon Abwechslung auf den Speiseplan bringen: Salzkartoffeln, Kartoffelauflauf, Bratkartoffeln, Kartoffelbrei, Kartoffelsuppe …

Dienstag

Und natürlich wissen Sie auch genau, was passiert, wenn Sie die Kartoffeln noch mit weiteren Zutaten kombinieren. Kartoffelpuffer mit Apfelmus, Kartoffelbrei mit Spinat, Bratkartoffeln mit Thüringer Würsten …

Mittwoch

Verglichen mit der Pellkartoffellösung wäre es ein Feuerwerk für die Sinne!

Donnerstag

Freitag

Keine Angst, Sie sind nicht in einem Kartoffelkochbuch gelandet. Es geht nach wie vor ums Lernen. Das Lernen gleicht leider bei vielen Menschen dem Pellkartoffelprogramm. Vokabeln werden über Jahre schon auf dem gleichen Weg (Pellkartoffeln) gelernt, Texte immer auf dieselbe Art gelesen. Das kann die Lernerei eintönig und mühsam machen.

Wie bei Tom zum Beispiel. Er bereitet sich auf seine Abiturprüfungen im Leistungskurs Französisch vor. Hunderte von Vokabeln sind zu lernen. Er sitzt am Küchentisch, das Französischbuch liegt vor ihm. Mit einer Karteikarte verdeckt er die Spalte mit den deutschen Übersetzungen. Zeile für Zeile sieht er sich die französischen Vokabeln an, überlegt, murmelt die deutsche Übersetzung vor sich hin, rückt die Karte ein paar Millimeter weiter und überprüft seine Worte. Genauso hat er im Laufe der Jahre bereits den Grundwortschatz bearbeitet. Inzwischen ist er im zweiten Drittel des Aufbauwortschatzes angekommen. Rund 5.000 Vokabeln hat er viele Male auf- und abgedeckt.

Gegen Toms fleißiges Lernen ist grundsätzlich nichts einzuwenden. Einzige Schwierigkeit: Tom nutzt zum Wörterlernen nur diesen einzigen Weg.

4.2 Fünf Lerntypen stellen sich vor

Auf den folgenden Seiten begegnen Ihnen fünf Lerntypen. Sie stellen sich selbst und ihre bevorzugten Lernwege vor. Hören Sie sich erst mal an, was die fünf Ihnen zu berichten haben. Später können Sie schauen, wie sich Ihr persönliches Lernteam zusammensetzt.

Jetzt aber genug der Vorworte. Die Kolleginnen und Kollegen des Lernteams freuen sich schon, sich Ihnen präsentieren zu dürfen:

Kommunizierender Karl

Hallo und guten Tag,

schön, dass Sie da sind! Ich darf mich Ihnen zunächst vorstellen. Mein Name ist Karl, Kommunizierender Karl. Es freut mich, Ihnen von meinem bevorzugten Lernweg zu berichten.

Überhaupt ist es für mich jedes Mal ein Fest zu erzählen und mich mit anderen zu unterhalten. Ich klöne eben gerne. Und das gilt auch fürs Lernen. Aus gutem Grund! Denn alles, was ich selbst erzähle, das prägt sich mir besonders gut ein.

Jetzt werden Sie sich vielleicht fragen, wann, wo und wie ich da lerne? Ganz einfach: Wo immer ich bin, suche ich Chancen, über meine Lernthemen zu reden.

In der Schule bei Referaten, an der Uni bei Diskussionen, im Betrieb mit den Ausbildern. Zu Hause erzähle ich beim Abendessen von meinen neuen Erkenntnissen. Und manchmal breite ich auch beim Stammtisch oder beim Sport aus, was ich in den Tagen zuvor gelernt habe.

> Denn wenn ich über die Themen ein paarmal berichte, wenn ich sie heiß diskutiere und Fragen stelle, dann vergesse ich die Details auch so schnell nicht mehr. Und das Beste:

> Beim Erzählen merke ich ganz genau, ob ich eine Sache verstanden habe oder nicht!

> Oh, die Zeit verging wie im Fluge. Ich muss gleich den Platz räumen für die Agierende Agnes. Habe wahrscheinlich schon wieder viel zu viel erzählt.

> Aber das macht mir eben Spaß. Bevor ich abtrete, hier noch eine meiner Lieblingslernmethoden:

Weitere Lerntechniken in diesem Buch, von denen ich Ihnen noch vorschwärmen könnte:

Plauderstunden, Seite 138

Stichwortsalat, Seite 134

»Vom Debattierclub bis zur Lernparty«

Haben Sie mal den Film »Der Club der toten Dichter« gesehen? Die Schüler treffen sich heimlich nachts, lesen Gedichte und debattieren. Es müssen bei Ihnen ja nicht unbedingt Gedichte sein; Hauptsache, es gibt die Möglichkeit, mit anderen über den Lernstoff zu sprechen. Ich lerne gern mit Partnern oder in Gruppen. Jeder übernimmt einen Teil des Lernstoffs, ackert ihn durch, bereitet einen kleinen Vortrag vor und informiert die anderen. Dann wird diskutiert. Gemeinsam macht das Lernen einfach mehr Spaß. Da kann sogar aus der Physikvorbereitung eine Lernparty werden!

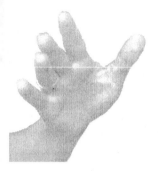

Agierende Agnes

Genug gequatscht. Viel wichtiger ist doch, dass man den Lernstoff anpackt. Ich nehme die Dinge gerne in die Hand. Wo immer es geht, möchte ich ausprobieren können, was ich lerne. Ich liebe Experimente und Übungen. Wenn ich mal selbst etwas erprobt habe, vergesse ich es so schnell nicht mehr. Natürlich lässt sich nicht alles gleich praktisch ausprobieren. Aber eine ganze Menge schon: Eine Sprache lerne ich am besten, wenn ich spreche; Chemie, wenn ich die Reaktionen in Versuchen selbst erkunde. Wenn ich für meinen Lernweg einen Werbeslogan formulieren sollte, dann würde ich »Learning by Doing« auf meine Plakate schreiben.

Ich bin beim Lernen gerne in Bewegung. Kürzlich ging es in einem Biologiekurs um das neuronale Netz in unseren Gehirnen. Mit den theoretischen Texten und Erklärungen konnte ich erst mal wenig anfangen. Dann hat unsere Lehrerin uns aufgefordert, einen Teil des Netzes im Klassenraum aufzustellen. Die einen waren Neuronen, die anderen deren Synapsen. Und dann haben wir durchgespielt, was passiert, wenn an den Synapsen gefeuert wird. Da hab' ich's kapiert!

In neue Themen steige ich am liebsten mit etwas ganz Praktischem ein. Die Theorie kann dann später kommen. Mit der praktischen Erfahrung in der Tasche verstehe ich sie dann meist viel leichter.

Auch ich habe Ihnen eine meiner Lieblingslernmethoden mitgebracht. Zugegeben: Sie ist ziemlich verrückt. Aber ich mache gute Erfahrungen damit!

»Mit Händen und Füßen«

Haben Sie als Kind auch Singspiele gelernt? Hände, Füße, der ganze Körper wurde mit großer Freude passend zu den Liedtexten bewegt. Über die Bewegungen prägen sich Kinder schnell ganze Texte ein. Unvorstellbar, als Erwachsener so zu lernen? Aber warum eigentlich nicht? Mit kleinen Gesten fällt es mir viel leichter, Gedichte oder Vokabeln zu lernen. Ich habe ein Beispiel dabei. Jede Geste bildet einen Ankerpunkt im Gedicht. Probieren Sie selbst. Sie können ja die Vorhänge zuziehen, wenn es Ihnen anfangs peinlich ist.

Weitere praktische Lerntechniken in diesem Buch, die Sie unbedingt ausprobieren sollten:

Wiederholungsklassiker, Seite 140

Sonderausstellung, Seite 47

Kombinieren

Johann Wolfgang von Goethe
Gefunden

Ich **ging** im **Walde**
So **für mich** hin
Und **nichts** zu suchen,
Das war mein **Sinn**.

Im **Schatten** sah ich
Ein **Blümlein** stehn,
Wie **Sterne** leuchtend,
Wie **Äuglein** schön.

Ich wollt es **brechen**,
Da sagt' es fein:
»Soll ich zum **Welken**
Gebrochen sein?«

Ich **grub's** mit allen
Den **Würzlein** aus
Zum Garten **trug** ich's
Am hübschen **Haus**.

Und **pflanzt** es wieder
Am **stillen** Ort;
Nun **zweigt** es immer
Und **blüht** so fort.

33

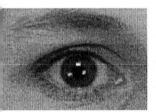

Visueller Viktor

Ich muss sagen, was die Agierende Agnes eben vorgestellt hat, gefällt mir. Aber auch ohne viele Gesten haben mir die Bilder sofort vor Augen gestanden: Wald, Blume, Sterne. Das hat sich eingeprägt.

Aber bevor ich weitererzähle, sollte ich mich erst vorstellen: Mein Name ist Viktor, Visueller Viktor. Ich bin der mit dem blauen Hemd und den großen Augen. Mit meinen Augen nehme ich besonders viel wahr – mit der inneren Vorstellung natürlich auch. So wie eben beim Gedicht: Die Bilder sprechen mich einfach an. Im Unterricht oder in der Vorlesung fesseln mich Bilder, Diagramme oder auch Filme besonders. Ein Beispiel: Kürzlich wurde ich in einer Prüfung nach verschiedenen Führungsstilen gefragt. Das passende Bild hatte ich schnell vor dem inneren Auge parat. Die Professorin hatte ein Diagramm an die Tafel gemalt und es sah ungefähr so aus:

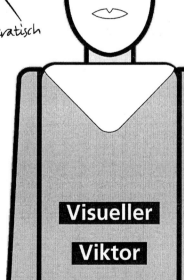

Über das Diagramm kam dann die Erinnerung an die genaueren Inhalte der 7 Führungsstile. Bilder und Diagramme helfen mir aber nicht nur dann weiter, wenn sie mir von außen geboten werden –

darauf müsste ich nämlich manchmal lange warten …
Ich mal mir gerne etwas zum Lerntext dazu oder fasse alles noch mal in eigenen Schaubildern zusammen.

Und Farbe ist mir ganz wichtig. In die grauen Texte und Aufzeichnungen bringe ich immer Leben mit Textmarkern und Farbstiften. Manchmal komme ich über die Farben dann später an bestimmte Inhalte wieder heran, weil ich mich genau erinnern kann, wie diese Seite aussah. Mir ist wichtig, dass meine Lernunterlagen gut aussehen. Das Auge lernt schließlich mit. Manchen Lehrer nervt, dass ich im Unterricht nicht so viel auf ihn schaue, sondern dass ich immer mitschreibe und zeichne. Aber was ich selbst aufgeschrieben und gestaltet habe, das sitzt später viel besser.

Zum Schluss auch von mir noch eine Lieblingstechnik:

»Lernposter«

Auf einer großen Fläche stelle ich farbig dar, was ich mir merken will: mit Bildern, Symbolen und Farbe. Das kostet Zeit, aber meist blicke ich schon viel besser durch, wenn ich so ein Plakat gemalt habe. Meine Werke hänge ich an zentralen Plätzen so auf, dass sie mich immer wieder an mein Lernthema erinnern. Besonders wichtige Informationen habe ich auch schon mit abwaschbaren Folienschreibern auf die Badkacheln geschrieben, wo sie mich morgens begrüßen und abends verabschieden …

Weitere visuelle Lerntechniken in diesem Buch, die Sie sich ansehen sollten:

Feierabendkino, Seite 136

Ortstermin-Technik, Seite 89

Visualisieren und Strukturieren, Seite 51

Foto-Technik, Seite 91

| Von Kopf bis Fuß auf **Lernen** eingestellt |

Analysierende Anna

Überblicken + analysieren = mein optimaler Lernweg

Eigentlich habe ich damit schon alles gesagt, was es zu meinen Lernvorlieben zu berichten gibt. Was ist mir wichtig?

Überblicken

Bevor ich mich mit dem Lernstoff genauer befasse, muss ich erst mal wissen, was Sache ist. Wie hängt der Gegenstand mit anderen Themen zusammen? Was gehört alles dazu? Ohne einen klaren ersten Überblick fällt mir das Lernen der Details schwer. Zum Beispiel dann, wenn ich in einer Vorlesung nicht genau weiß, worum es jetzt eigentlich gerade geht – es gibt so Professoren ... Oder wenn ich ein Buch lese und die Inhalte einzelner Kapitel irgendwie im Kopf verschwimmen, weil ich sie nicht richtig einordnen kann. Meine wichtigste Frage beim Lernen lautet deshalb: »Worum geht es hier eigentlich?«

Analysieren

Analyse – das Wort steckt auch in meinem Namen. Wussten Sie, was es wörtlich übersetzt heißt? »Analysieren« kommt aus dem Lateinischen und bedeutet: »Etwas zergliedern, zerlegen, untersuchen, auflösen« (Duden: Fremdwörterbuch). Ich jedenfalls nehme den Lernstoff gerne genauer unter die Lupe. Indem ich mir die Sache wie Sherlock Holmes anschaue, lerne ich eine ganze Menge. Denn was ich einmal richtig auseinander genommen habe, das verstehe ich besser, und deshalb kann ich's auch besser lernen und behalten.

Damit Sie sich vorstellen können, wie das bei mir in der Praxis aussieht, habe ich Ihnen eine meiner Lieblingstechniken mitgebracht:

»Tabelle«

Eine ganz einfache Technik, mit der ich mir gerne einen Überblick verschaffe, ist die Tabelle. Und hier ein Beispiel dazu: Kürzlich haben wir uns in der Ausbildung mit den Organen der Europäischen Union beschäftigt. Im Unterricht ging es um Europäisches Parlament, Straßburg, Brüssel, Europäische Kommission und viele andere Institutionen und Orte. Ich wurde ganz nervös, weil ich nicht behalten konnte, wie alles zusammenhängt und dadurch auch die Details nicht zuordnen konnte. Zuhause habe ich mich also hingesetzt und mit Hilfe der Unterlagen und ein paar Recherchen im Internet eine Tabelle erstellt. Die bot mir zwar nur einen groben Überblick. Aber nach einer knappen Stunde wusste ich, wo was hingehört. Und das war ein ausgesprochen gutes Gefühl! Jetzt konnte ich bei den einzelnen Feldern in die Tiefe gehen.

Weitere empfehlenswerte Lerntechniken in diesem Buch, die Sie mal auf Vor- und Nachteile hin untersuchen sollten:

Strukturieren und Visualisieren, Seite 51 (das ist mein absolutes Lieblingskapitel!!!)

Lupen-Technik, Seite 80

Erstbesichtigung, Seite 14

Organ	Sitz	Mitglieder	Aufgaben
Europäisches Parlament	Straßburg, Ausschüsse und Fraktionen tagen in Brüssel	Max. 732 Abgeordnete, Wahl alle fünf Jahre durch Unionsbürger	Gesetzgebung, Haushalt, Kontrolle
Ministerrat	Brüssel	Minister der Mitgliedsstaaten	Gesetzgebung zusammen mit Parlament
Europäischer Rat (Achtung, ist nicht der Europarat!)	Brüssel	Chefs der Regierungen und Präsident der Kommission	Leitlinien festlegen
Europäische Kommission	Brüssel	Von den Staaten entsandte Kommissare	Gesetzentwürfe, Verwaltung der EU-Gelder

Stand: April 2004

Auditive Adelheid

Hallo Leute,

also ich könnte den Kollegen stundenlang zuhören! Einfach dasitzen und ihren spannenden Vorträgen lauschen. Das ist Klasse. Aus Unterricht, Vorlesungen oder Gesprächen nehme ich immer eine ganze Menge mit. Wenn ich mir einen Sachverhalt anhören kann, dann bekomme ich schon eine sehr gute Grundlage. Als Zuhörerin kann ich mich besonders gut auf das Thema konzentrieren. Das zeigt sich manchmal noch lange, nachdem ich von einer Sache gehört habe. Wenn ich mich später wieder erinnere, dann oft über die Art, *wie* bestimmte Dinge gesagt wurden. Manchmal ist es, als ob ich die Stimme des Lehrers noch einmal hörte, wenn ich mich erinnere.

Überhaupt prägen sich mir Stimmen und Klänge sehr gut ein. Das merke ich zum Beispiel beim Musikhören. Kaum habe ich einen neuen Hit ein paarmal gehört, kann ich weite Passagen des Textes schon mitsingen. Und das, obwohl ich den Text nicht gezielt gelernt habe. Nur durchs Hören, durch die Kombination von Musik und Text haben sich die Sätze eingeprägt.

Da ich nicht immer jemanden finde, der vorträgt, höre ich mir ab und zu auch ganz gerne selbst zu. Wenn ich den Lernstoff vor mir hersage, habe ich das Gefühl, dass er sich ganz gut einprägt, weil ich ihn so immer wieder höre. Meine Mutter hat es früher ganz nervös gemacht, wenn ich immer plappernd auf und ab gegangen bin. Aber mir hilft das.

Auch ich habe eine meiner Lieblingstechniken mitgebracht:

»Ohrwurm«

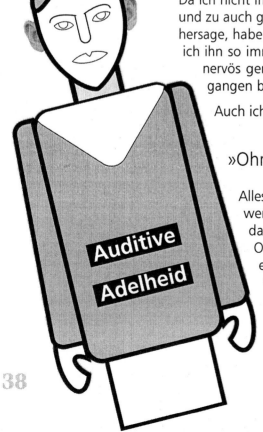

Alles, was ins Ohr geht, kann ich mir prima merken. Und wenn mir bestimmte Sachen besonders schwer fallen, dann mach' ich mir aus dem Lernstoff meinen eigenen Ohrwurm. Einen Reim, einen besonderen Rhythmus, ein Lied oder einen Rap. Toll ist, wenn ein richtiger Groove entsteht, zu dem ich mitwippen kann. Zum Beispiel der, mit dem ich mir die sieben deutschen Bundeskanzler in Folge endlich merken kann. Nun liegt es an Ihnen, Ihren eigenen Rhythmus dazu zu finden. Wenn so ein Ohrwurm mal in Fleisch und Blut übergeht, ist es schwer, ihn wieder loszuwerden. Aber genau das war ja das Ziel.

Weitere Lerntechniken in diesem Buch, die sich toll anhören:

Hörtexte, Seite 139

Reim-Technik, Seite 93

Stop and go, Seite 48

„ADENAUER ✶ lange Dauer ✶
✶ dann mit ERHARD Wirtschaftspower
✶ KIESINGER ✶ ganz elegant
✶ wird abgelöst ✶ von Willy BRANDT
✶ Die SPD macht weiter mit ✶
= 'Der neue Mann heißt Helmut SCHMIDT =

'Dann kommt ✶
✶ Jeder kennt ihn wohl
Für sechzehn Jahre Helmut KOHL."
✶ Zwei Jahre vor Millennium ✶
✶ zieht SCHRÖDER in die
✶   Hauptstadt um. ✶
Ihn bringt die ANGIE ✶
     aus dem Osten
Um den geliebten   ✶
   ✶ ✶ Kanzlerposten."

4.3 Im Team unschlagbar

Stefanie berichtet:

»Das ist interessant. Als die fünf eben vorgestellt wurden, da habe ich mir immer überlegt, wie das bei mir ist. Und für mich liegt die Sache ganz klar: Ich spüre eine sehr starke Verwandtschaft mit der Auditiven Adelheid. Zuhören, das ist mein Lieblingslernweg. Genau wie es beschrieben wurde.«

Wie ist das bei Ihnen? Sie haben die fünf Mitglieder des Lernteams kennen gelernt. Schauen Sie sich die Vertreter noch einmal an. Gibt es auch bei Ihnen einen Lernweg, der Sie besonders anspricht? Einen, bei dem Sie denken: »Ja, so ähnlich ist das auch bei mir. So lerne ich am liebsten.«

Haben Sie Ihren Favoriten gefunden? Einen? Oder sogar zwei oder drei? Denn vielleicht geht es Ihnen wie Alex:

»Also ich kann mich überhaupt nicht festlegen. Das ist bei mir eher eine Mischung. Ich gehe zuerst gerne wie die Analysierende Anna vor: Den Überblick brauche ich auch. Aber gleichzeitig geht es mir wie dem Visuellen Viktor: Schreiben und Zeichnen sind ganz wichtige Lernwege für mich.«

Die meisten Lernenden bevorzugen wie Alex mehrere Wege. Schauen Sie einmal, wie Ihre persönliche Lieblingsmischung aussieht. Wen lassen Sie besonders häufig zum Zug kommen? Wen eher selten?

Haben Sie Ihre Lieblingsmischung gefunden?

Vermutlich wird Ihre Zusammensetzung nicht immer ganz gleich bleiben. Je nach Lernaufgabe verschieben sich die Gewichtungen. Denn jedes Teammitglied bringt besondere Fähigkeiten ins Team ein, die sich für bestimmte Lernherausforderungen mehr oder weniger gut eignen.

Kennen Sie die folgende Teamdefinition?

Talentierte **E**inzelne **A**rbeiten **M**iteinander

Mit den verschiedenen Talenten der einzelnen Typen lässt sich jeweils das richtige Team zusammenstellen.

Schauen Sie sich Ihr Lernteam nun hinsichtlich besonderer Aufgaben an. Wie sieht das Team der Einzelnen aus, wenn Sie

Vokabeln lernen?   ein neues Computerprogramm lernen?   Mathe oder Physik lernen?

Überlegen Sie nun auch, wie sich das Team bei den Lernaufgaben zusammensetzt, mit denen Sie sich zurzeit gerade beschäftigen.

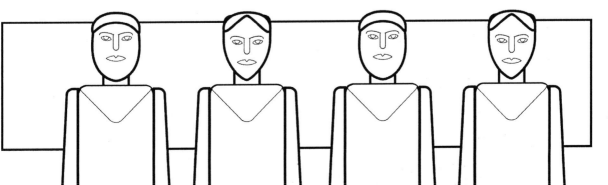

Sie haben nun erfahren, wie vielfältig Lernen ist, wenn sich mehrere Lerntypen beteiligen. Vielfältigkeit ist ja schön und angenehm, aber ist das auch effizient? Trägt das Lernteam mit den verschiedenen Talenten eigentlich auch wirklich zum Lernerfolg bei?

- Wer unterschiedliche Wege kombiniert, bringt **Vielfalt in den Lernalltag**. Das macht Lernen abwechslungsreich und interessant, Langeweile und Unlust sind leichter vermeidbar. Auch trockener Stoff lässt sich durch eine geschickte Wahl der Lernwege relativ spannend erarbeiten.

- Ein guter Mix wirkt sich auf die **Konzentrationsfähigkeit** aus. »Beschäftige deinen Geist«, lautet ein wichtiges Konzentrationsgebot. Eine gesunde Abwechslung der Lernwege erleichtert es uns, bei der Sache zu bleiben und verhindert Ermüdung.

- Das Gehirn speichert nicht nur die gelernten Fakten ab. Auch der Weg selbst wird mitgelernt. Unterschiedliche Lernwege bieten auf diese Weise **zusätzliche Abrufhilfen** beim Erinnern. Petra berichtet:

  »Mir geht es so, dass ich mich an bestimmte Inhalte über die Art erinnern kann, wie ich sie einmal gelernt habe. In Biologie zum Beispiel weiß ich noch heute, mit welchen Bildern ich mir die Prozesse des Herzkreislaufes angeeignet habe. Ich sehe noch genau vor mir, wie wir den Ablauf mit Modellen durchgespielt haben.«

- Mit dem Lernteam lässt sich herausfordernder Lernstoff auf mehrere verschiedene Arten anpacken. Wer ein und dieselbe Sache nacheinander oder gleichzeitig diskutiert, praktisch ausprobiert und visuell darstellt, sorgt für eine wirklich **tiefe und gründliche Verarbeitung**.

Eine Anmerkung noch dazu. Die Auswahl von Lernwegen ist kein Wettbewerb mit dem Ziel, möglichst viele Methoden zu nutzen. Das würde leicht vom eigentlichen Thema ablenken und unnötig Zeit kosten. Entscheidend ist, dass die gewählte Mischung zum Lernthema passt – auch ein einziger Lernweg kann allein sehr effizient sein. Vor allem ist wichtig, dass Sie als Lernender mit Ihrer Methode gut zum Ziel kommen.

4.4 Das neue Handy

Und nun noch ein ganz praktisches Beispiel. Heute früh haben Sie Ihr neues Handy bekommen. Das kleine Wundergerät mit den unendlichen Möglichkeiten liegt vor Ihnen. Daneben 90 volle Seiten Bedienungsanleitung (und zwar keineswegs aufgeteilt in fünf Sprachen).

Was nun? Lernen ist angesagt! Überlegen Sie einmal, bevor Sie umblättern. Wie könnten die fünf Lerntypen die Herausforderung anpacken? Was meinen Sie?

Kommunizierender Karl: _____

Agierende Agnes: _____

Visueller Viktor: _____

Analysierende Anna: _____

Auditive Adelheid: _____

Hier ein paar Ideen, wie jeder der fünf vorgehen könnte. Viele weitere Wege sind natürlich möglich. Deutlich wird jedoch: Wer lernen will, das neue Gerät zu bedienen, kombiniert am besten mehrere Wege.

Kommunizierender Karl:

»Also angefangen habe ich ja schon beim Kauf. In dem langen Gespräch mit dem Verkaufsberater konnte ich eine Menge offener Fragen klären. Und sobald ich die ersten Funktionen beherrsche, erkläre ich sie meinem Freund oder meiner Freundin, damit ich sie nicht so schnell wieder vergesse.«

Agierende Agnes:

»Auf die Plätze, fertig, los! Probieren geht über studieren!«

Visueller Viktor:

»Ich schau mir erst mal die Anordnung der Tastatur an. Die Farben der verschiedenen Tasten und deren Symbole habe ich ziemlich schnell drin. Und dann studiere ich die Abbildungen im Heft. Hoffentlich hat die Anleitung viele anschauliche Bilder.«

Analysierende Anna:

»Ich starte mit dem Inhaltsverzeichnis und werfe auch einen Blick ins Register. Danach blättere ich die Anleitung grob durch, um einen Überblick zu bekommen. Und erst dann lege ich Schritt für Schritt los – das Wichtigste zuerst, also zum Beispiel das Telefonieren oder das Programmieren des richtigen Klingeltons.«

Auditive Adelheid:

»Schwierige Stellen lese ich laut vor mich hin. Bedienungsregeln präge ich mir durch Merksätze ein. Die kann ich auch immer wieder vor mir hersagen, wenn ich in der Praxis mal nicht weiter weiß.«

4.5 Vokabeltraining

Wer eine Fremdsprache lernen will, kommt ohne Wörterlernen nicht aus. Auf den folgenden Seiten finden Sie neun Ideen, wie Sie Vokabeln lernen und den Wortschatz in Schwung halten können.

1 »Kennen wir uns nicht?«

Im Café oder in der Disko ist es die billigste Anmache, im Umgang mit Ihrem Wörterbuch jedoch eine wertvolle Frage, durch die Sie Ihr Verhältnis zu besonderen Vokabeln vertiefen können. Und so wird geflirtet: Markieren Sie alle Worte, die Sie im Laufe der Zeit in Ihrem Wörterbuch nachschlagen, mit Farbstiften. Das Wörterbuch wird auf diese Weise bunt und lebendig. Wenn Sie wieder einmal ein Wort nachschlagen, entdecken Sie vielleicht, dass Sie offensichtlich schon einmal miteinander zu tun hatten. Ganz charmant können Sie loslegen: »Wo sind wir uns denn schon mal begegnet?« Und während Sie nach Ihrer gemeinsamen Vergangenheit suchen, sorgen Sie dafür, dass wichtige, bereits bestehende Verbindungen wieder aufgefrischt werden. An der Farbe können Sie vielleicht schon erkennen, aus welcher Zeit oder welchem Lernprojekt die Beziehung stammt – je nachdem, wie Sie die Farben beim Markieren eingesetzt haben. Die Chancen stehen gut, dass aus dem Flirt dann auch etwas Festes wird ...

2 »Die phantastischen fünf«

Suchen Sie sich aus Ihrer Wortliste fünf wichtige oder schwere Vokabeln aus. Sie können die Auswahl auch dem Zufall überlassen, indem Sie mit dem Bleistift blind über Ihrer Wortliste kreisen und dann zuschlagen. Die fünf Worte sind Ausgangspunkt für eine phantastische Geschichte: Sie sind nun herausgefordert, sie in einen Zusammenhang zu bringen. So wenden Sie die Wörter gleich an und erfinden eine Geschichte, an die Sie sich vielleicht noch lange erinnern können. Ein intensives Training.

3 »Schatzsuche«

Fernseh- und Radiosendungen in Ihrer Fremdsprache sind wahre Schatzkammern für Ihren Wortschatz. Eine besonders gute Fundstelle sind Nachrichtensendungen. In ein paar Minuten gibt es hier komprimierte Informationen und viele wichtige Begriffe. Setzen Sie sich ein Suchziel, zum Beispiel pro Tag drei bis fünf neue Vokabeln wirklich gut zu lernen. Da die Nachrichten in sehr ähnlicher Form oft stündlich wiederkehren, haben Sie im Laufe des Tages eine gute Gelegenheit zur Festigung und Wiederholung. So werden Sie mit Ihren neuen Funden schnell und gründlich vertraut.

4 »Lieblingswörter und krumme Hunde«

Eine Liste mit neuen Wörtern liegt vor Ihnen. Meist sind es gleich eine Menge Vokabeln. In kleinen Portionen fällt das Lernen leichter.

Schauen Sie die Vokabeln an und picken Sie sich als Erstes Ihre Lieblingswörter heraus. Welche Vokabeln sind leicht oder klingen besonders schön? Gefühle sind beim Lernen immer mit im Spiel. Laufend bewerten Sie parallel, was Sie lernen. Und diese Bewertungen prägen sich gut ein.

Im nächsten Schritt halten Sie Ausschau nach den Vokabeln, die Ihnen besonders schwer fallen. »Mit dir wird es nicht leicht; ich fürchte, du bist ein krummer Hund.« Um diese Auswahl können Sie sich nun besonders intensiv kümmern. Wege dazu finden Sie in Kapitel 6.

5 »Jagen und sammeln«

Als Jäger und Sammler wollen Sie viel Beute nach Hause bringen. Gehen Sie auf Wörterjagd in der Sprache, in der Sie Ihren Wortschatz lebendig halten wollen. So funktioniert's: Entscheiden Sie sich für ein Ausgangswort, zum Beispiel eine Farbe oder einen Ort. Und nun beginnt die Sammlung: Tragen Sie alle Vokabeln zusammen, die mit dem Ausgangswort in irgendeiner Verbindung stehen. Das kostet am Anfang etwas Mühe, doch schon nach ein, zwei Runden wird eine Menge zusammenkommen.

Als guter Jäger können Sie einen richtigen Sport daraus machen, möglichst viele Wörter zu finden. Jagen können Sie mit Papier und Bleistift oder einfach in Gedanken. Auf diese Art können Sie auch in der Warteschlange, im Bus oder in der Badewanne trainieren.

6 »Sonderausstellung«

Gehen Sie gerne in Ausstellungen? Besonders herausfordernden Vokabeln können Sie zu Hause eine eigene Ecke widmen. Dazu kreieren Sie in Ihrer Wohnung oder an Ihrem Arbeitsplatz eine gegenständliche Ausstellung. Bianca zum Beispiel lernt Büroenglisch. Eine Auswahl der neuen Vokabeln zu den verschiedenen Büroartikeln notiert sie auf kleinen Zetteln und befestigt diese entsprechend an den Gegenständen. »Das ist super und macht Spaß. Schon wenn ich die Schilder schreibe, lerne ich eine Menge. Und immer, wenn ich eine Sache in die Hand nehme oder daran vorbeikomme, kann ich überprüfen, ob ich das entsprechende Wort noch parat habe.« Sobald die Wörter sitzen, folgt eine neue Ausstellung.

7 »Bildwörterbuch«

Kennen Sie Lexika, in denen zu den Begriffen Fotos und Zeichnungen angeboten werden? Es gibt sie für Kinder, aber auch zu speziellen Fachgebieten. Mit Ihren Vokabeln können Sie Ihr eigenes Bildwörterbuch erstellen. Durch Bilder, Symbole und Collagen neben der Schrift sorgen Sie für eine weitere Verankerung des neuen Wissens.

8 »Stop and go«

Bei »Stop and go« assistiert Ihnen ein Diktiergerät oder ein Kassettenrekorder. Zuerst besprechen Sie das Band mit den neuen Wörtern. Und zwar so, dass zwischen jeder Vokabel und ihrer Übersetzung eine kleine Pause bleibt, in der Sie später antworten können. Anstelle der deutschen Übersetzung können Sie natürlich auch eine Worterklärung in Ihrer Fremdsprache aufsprechen. Jetzt können Sie es sich auf dem Sofa bequem machen, umhergehen oder Unkraut jäten.

9 »Die Raupe Nimmersatt«

Kennen Sie die Geschichte von der Raupe Nimmersatt? Um groß, stark und später ein schöner Schmetterling zu werden, frisst sich die Raupe durch alles, was schmeckt und Kraft gibt. So wie die Raupe ihren Körper mit Grünzeug stärkt, können Sie Ihren Wortschatz mit gedruckter Nahrung kräftigen. Lesen Sie in Ihrer Fremdsprache alles, was Ihnen auch in der Muttersprache Freude macht: Romane, Krimis, Comics oder Zeitschriften. Für alle, die in eine neue Fremdsprache einsteigen, gibt es im Buchhandel auch vereinfachte oder zweisprachige Romane. Grundsätzlich kommt es nicht darauf an, jedes fremde Wort nachzuschlagen. Viel wichtiger ist, dass Sie die Wörter im Zusammenhang aufnehmen und den natürlichen Fluss der Sprache erleben können. Bekannte Worte sind eine gute Wiederholungschance. Bei Wörtern, die besonders wichtig sind, um den Inhalt zu erschließen, können Sie kräftig zubeißen. Wenn Sie das regelmäßig tun, wird Ihr Wortschatz groß und stark!

von Kopf bis Fuß ...

... selig schlafen

»Den Seinen gibt's der Herr im Schlaf«, heißt es schon in der Bibel. Wer aber auf den Herrn vertrauen will, muss natürlich tagsüber seinen Teil dazu tun.

Im Anschluss an das Tagwerk passiert im verdienten Schlaf eine Menge: Ihr Körper erholt sich. Die Erfahrungen des Tages werden von Ihrem Gehirn aktiv verarbeitet. Neue Verbindungen werden geknüpft und gefestigt. Während Sie sich erholen, lernt Ihr Gehirn ganz automatisch für Sie weiter.

Also: Auch in herausfordernden Lern- und Prüfungszeiten sollten Sie nicht am Schlaf sparen.

Vielleicht ist sogar ab und zu ein kleiner Mittagschlaf drin? 10 bis 30 Minuten können Wunder wirken.

Tipp: Heute Nacht passiert's

Geben Sie Ihrem Unterbewusstsein vor dem Schlafengehen kleine Aufträge. Zum Beispiel: »Wenn ich morgen aufwache, wünsche ich mir die Idee, wie ich bei der Matheaufgabe weiterkomme.« Während Sie schlafen, kann die Idee reifen. Und wenn alles klappt, ist morgens tatsächlich schon alles passiert!

5 Das Lernen ist eine Baustelle
Lernstoff strukturieren und visualisieren

5.1 Ein Bauexperiment
5.2 Sie sind Baumeister
5.3 Bauverfahren
5.4 Ihr Baugewinn
5.5 Schwierigkeiten am Bau
5.6 Bautipps
5.7 Bauen Sie – ein Übungstext
5.8 Richtfest

5.1 Ein Bauexperiment

Zum Start ein kleines Experiment. Bitte zählen Sie alle Symbole ▲ △ □ ■ ● ○ auf dieser Seite. Achten Sie auf die Zeit. Wie lange brauchen Sie?

Wie viele Symbole haben Sie gezählt? _____
Wie lange haben Sie gebraucht? _____

Bitte blättern Sie jetzt um, und zählen Sie erneut auf der nächsten Seite. Achten Sie wieder auf die Zeit.

Also noch mal zählen ... Los!

Wie viele Symbole haben Sie gezählt?

_____

Wie lange haben Sie gebraucht?

_____

Vermutlich kamen Sie auf dieser Seite viel schneller zum Ergebnis. Und darüber hinaus ist Ihr zweites Ergebnis mit größerer Wahrscheinlichkeit richtig! Bei der zweiten Runde konnten Sie die Anordnung der Symbole nutzen. Mit einer Multiplikation (8x10=80) kamen Sie flott zum Ergebnis. Es war gar nicht nötig, alle einzelnen Zeichen zu zählen.

Ähnlich wie Ihnen beim Zählen in der ersten Runde geht es manchen Lernenden. Sie befassen sich mit vielen einzelnen, scheinbar nicht zusammenhängenden Details. Das kostet Kraft und Zeit. Und trotz des hohen Aufwands bleibt der Blick für das Ganze, für den Zusammenhang häufig verstellt. Simone zum Beispiel berichtet in einem Lerntraining von ihrer Zeit an einem oberschwäbischen Gymnasium:

»Im Leistungskurs Geschichte habe ich viele einzelne Fakten zu den unterschiedlichsten Revolutionen, Entdeckungen und Kriegen gelernt. Das war genauso mühsam wie das erste Zählexperiment. Einen Blick für die zeitlichen und geographischen Zusammenhänge habe ich erst viel später gewonnen. Ich hätte die Informationen viel leichter lernen können, wenn mir die Verbindungen zwischen den französischen, württembergischen und badischen Revolutionssträngen klar gewesen wären.«

In diesem Kapitel zeigen wir Ihnen, wie Sie durch Strukturen »Aha-Erlebnisse« gewinnen und effizient lernen können.

5.2 Sie sind Baumeister

Struktur: Ein geläufiges Fremdwort, dessen Stamm Ihnen auch in anderen Wörtern begegnet: Zum Beispiel in Konstruktion oder Instruktion. Aber was genau bedeutet Struktur?

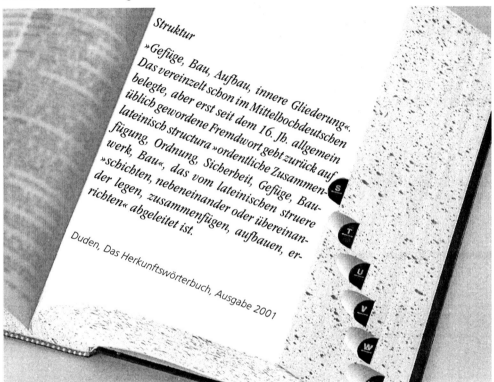

Struktur

»Gefüge, Bau, Aufbau, innere Gliederung«. Das vereinzelt schon im Mittelhochdeutschen belegte, aber erst seit dem 16. Jh. allgemein üblich gewordene Fremdwort geht zurück auf lateinisch structura »ordentliche Zusammenfügung, Ordnung, Sicherheit, Gefüge, Bauwerk, Bau«, das vom lateinischen struere »schichten, nebeneinander oder übereinander legen, zusammenfügen, aufbauen, errichten« abgeleitet ist.

Duden, Das Herkunftswörterbuch, Ausgabe 2001

Strukturen fügen einzelne Teile zusammen. Sie verbinden. Sie schaffen Ordnungen. Der Einsatz von Strukturen lohnt sich bei vielen Lernaufgaben. Zum Beispiel,

- wenn Sie in ein neues Thema einsteigen und sich einen ersten Überblick über das fremde Fachgebiet verschaffen,
- wenn Sie Fachtexte lesen. Indem Sie für sich die Strukturen des Textes abbilden und weiterentwickeln, erhöhen Sie Ihr Leseverständnis,
- wenn Sie in der Vorlesung oder im Unterricht die Gedanken des Professors in Ihre eigene Struktur bringen.

Ihre Aufgabe als Lernender gleicht der eines Baumeisters. Ein guter Baumeister macht sich im Geiste lange vor Baubeginn ein genaues Bild von dem zukünftigen Bauwerk. So wie er sich beispielsweise die geplante Kathedrale im Geiste erbaut, versuchen Sie sich ein Bild davon zu machen, wie unterschiedliche Informationen zusammengehören und ein Ganzes ergeben.

Informationen, Thesen und Fragen sind dabei Ihr Baustoff und Baumaterial, das Sie im Geiste bewegen und zusammenfügen.

Noch einmal zurück zum Baumeister der Kathedrale. Seine Ideen konkretisiert er in Bauplänen, in denen er das Bauwerk aus verschiedenen Perspektiven darstellt. Auch Sie können Ihre Vorstellungen visualisieren. Visualisieren heißt »bildlich machen«. Neben Ihrem Geist, Papier und Stift können Sie dabei verschiedene Strukturformen nutzen. Einige werden Sie jetzt kennen lernen.

Sie sind Baumeister

5.3 Bauverfahren

Die folgenden Strukturformen sind verschiedene Wege, mit Ihrem Lernstoff zu verfahren.

Begriffsgruppen

Als Kind lernten Sie, dass Karotte und Sellerie Gemüse und dass Kirschen und Äpfel Früchte sind. Die Zuordnung der vielen Frucht- und Gemüsearten gelang Ihnen keineswegs von heute auf morgen. Im Laufe vieler Jahre gewannen Sie schrittweise den Überblick, der Sie heute schnell und sicher entscheiden lässt, was eine Orange oder ein Kohlrabi ist. (Aber wussten Sie, dass Tomaten und Gurken Früchte sind?)

Bei neuen Lernthemen können Sie durchaus wieder in eine ähnlich »kindliche« Situation kommen. Sie sind gefordert, fremde Fachbegriffe zu ordnen. Beispielsweise lernen Sie, englische Verben nach ihrer grammatikalischen Verwendung zu sortieren.

Begriffsgruppen zu bilden ist ein wirksamer Weg, um eine erste Ordnung in einem fremden Gebiet zu schaffen.

Transitive Verben	Intransitive Verben	Verben transitiv + intransitiv
write	rise	smoke
eat	go	run
buy	age	sink
love	become	decline
describe	die	open
raise		close
kill		

Begriffsgruppen

Hier: Die Einteilung englischer Verben nach ihrem grammatikalischen Gebrauch

Beziehungs- und Begriffsnetzwerke

Beziehungs- und Begriffsnetzwerke können schwierige Sachverhalte darstellen. Sie ähneln einem Stammbaum und machen die wesentlichen Verknüpfungen, Ordnungen und Hierarchien deutlich. Ein Beispiel: Sie lesen »Nathan der Weise« von Lessing. Um bei allen Beziehungen zwischen den Hauptfiguren nicht den Überblick zu verlieren, fertigen Sie ein Netzwerk an. Das macht die verschiedenen Beziehungen deutlich und bietet Ihnen einen schnellen Überblick.

Beziehungs- und Begriffsnetzwerk

Hier: Überblick über das Beziehungsgeflecht in Lessings »Nathan der Weise«

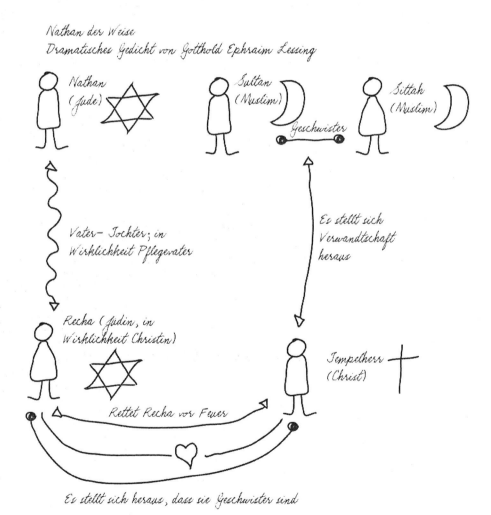

Fragenkette

Wahrscheinlich haben Sie das auch schon mal erlebt. Sie lesen einen Text und während Sie Satz für Satz, Abschnitt für Abschnitt lesen, merken Sie, dass Sie gar nicht wissen, womit sich der Text befasst: »Worum geht es dem Autor eigentlich?«, fragen Sie sich. Und damit stellen Sie die erste wichtige Frage. Denn aufgrund von Fragen werden Antworten interessant, lehrreich und aussagekräftig.

Grundlagen des Wirtschaftsrechts

- Welche Normsysteme bestehen?
- Wo sind die Grenzen der Normsysteme?
- Wie ist die Gerichtsbarkeit der BRD aufgebaut?
- Wo sind Rechtsquellen des EG-Rechts?
- Was sind die Grundpfeiler der bürgerlichen Rechtsordnung?
- Wie lauten die Grundprinzipien des Vertragsrechts?

Fragenkette
Hier: Leitfragen einer BWL Vorlesung

Bei der Arbeit mit der Fragenkette schlüpfen Sie in die Rolle eines »Fragendetektives«. Schritt für Schritt schauen Sie sich die im Text gegebenen Antworten an. Indem Sie die Fragen entwerfen, die zu den vorliegenden Antworten geführt haben, entsteht eine Kette der Schlüsselfragen. Diese ermöglicht Ihnen einen Überblick über das behandelte Thema. Gleichzeitig merken Sie, welche der Fragen Sie mit Hilfe des Textes bereits beantworten können. Stefan studiert BWL:

»Nach dem Lerntraining habe ich mir angewöhnt, auf einem separaten Blatt in Vorlesungen und Seminaren die vom Professor aufgeworfenen wesentlichen Fragen in einer Fragenkette zu notieren. So weiß ich stets genau, um welche Themen es in der Vorlesung geht und ging.«

Gliederungsschema

Diese Strukturform – im Bild zum Thema Projektmanagement – kennen Sie aus Inhaltsverzeichnissen in Büchern. Vielleicht haben Sie auch schon selbst einmal eine größere Arbeit verfasst. Dann wissen Sie, wie wichtig es ist, vor dem eigentlichen Schreiben eine möglichst klare inhaltliche Gliederung zu machen. Das Gliederungsschema bietet nicht nur für Autoren ein Gerüst, das den Aufbau des Themas verdeutlicht. Es zeigt Schwerpunkte, über- und untergeordnete Fragestellungen und bildet den gedanklichen Faden ab. Ganz nebenbei liefert Ihnen ein Gliederungsschema die Grundlage für einen Lern- und Arbeitsplan.

Gliederungsschema

Hier: Teil eines Inhaltsverzeichnisses

> Gert Schilling Projektmanagement
>
> 3 Projektorganisation
> 3.1 Reines Projektmanagement
> 3.2 Matrix Projektmanagement
>
> 4 Projektphasen
> 4.1 Fünf Phasen Modell
> 4.1.1 Informelle Phase
> 4.1.2 Definitionsphase
> 4.1.3 Planungsphase
> 4.1.4 Realisierungsphase
> 4.1.5 Abschlussphase
> 5 Projektbeteiligte

Eindimensionales Flussdiagramm

Flussdiagramme stellen Prozesse dar. Man kann sie sich wie einen Fluss vorstellen, der durch verschiedene Schleusen und Stromschnellen fließt. Diese besonderen Stellen werden im Diagramm hervorgehoben.

Das Flussdiagramm eignet sich beispielsweise gut, um geschichtliche Entwicklungen deutlich zu machen. Dann ist das Flussdiagramm ein Zeitstrahl, an dem die wesentlichen Ereignisse markiert werden.

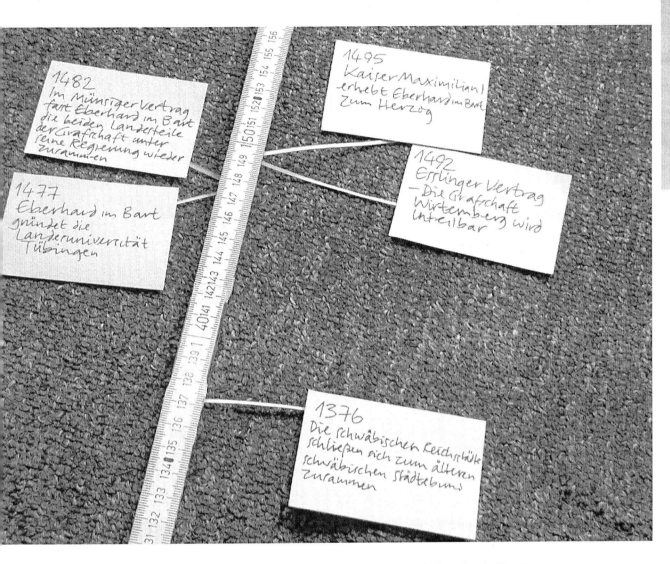

Eindimensionales Flussdiagramm

Hier: Fünf Meilensteine aus der Geschichte der Grafschaft Wirtemberg

Margrit studiert Geschichte: Neue Epochen erschließt sie sich gerne mit Flussdiagrammen:

»*Um für Abwechslung zu sorgen, nehme ich mir dafür manchmal einen Meterstab zur Hilfe. Jeder Millimeter steht für ein Jahr. So habe ich mit nur einem Zollstock bereits das Gerüst für zwei Jahrtausende. Auf kleinen Karten notiere ich mir die entsprechenden Ereignisse. Diese lege ich dann am Zeitstrahl an. So entsteht für mich ein klares Bild der Abfolge. Meine Karten nutze ich aber auch später noch: Zum Beispiel zur Wiederholung vor der Prüfung.*«

Zweidimensionales Flussdiagramm

Für viele Sachverhalte reicht das eindimensionale Flussdiagramm nicht aus. In den Naturwissenschaften zum Beispiel verlaufen Experimente meist nicht einfach und gradlinig. Viele Faktoren beeinflussen den Verlauf; mehrere Optionen sind möglich. Im Diagramm werden diese möglichen Verläufe in Weichen dargestellt.

Als Weichen dienen zum Beispiel:

- »wenn« und »dann«
- » + « und » – «
- »erfüllt« und »nicht erfüllt«
- »bewirkt« und »verursacht«

So wird ersichtlich, in welche Richtung sich Verläufe – je nach Weichenstellung – entwickeln können. Korinna studiert Jura. Im Lerntraining setzt sie ein zweidimensionales Flussdiagramm ein. Mit dem Diagramm stellt sie die Logik des Strafgesetzbuches bei der Unterscheidung von fahrlässiger Tötung, Totschlag und Mord vor.

Zweidimensionales Flussdiagramm

Hier: Fahrlässige Tötung, Totschlag oder Mord?

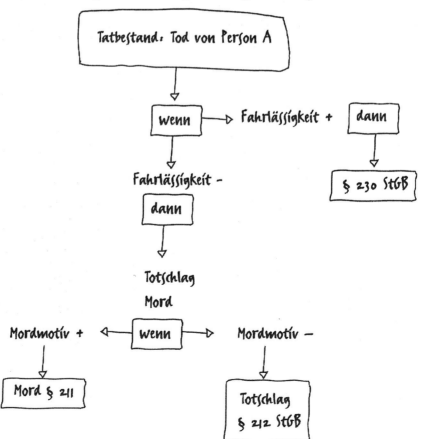

Mind-Map

Mind-Maps eignen sich beim Einstieg in ein neues Thema hervorragend zur ersten groben Sammlung. Schreiben Sie ein zentrales Thema in die Blattmitte und gruppieren Sie an den umliegenden Ästen verwandte Begriffe. Das Mind-Map kann sich in alle Richtungen verzweigen und verästeln. Der Vorteil: Beim Mind-Map können Sie an einer beliebigen Stelle beginnen und Ihr Bild durch weitere Verästelungen immer wieder ergänzen. So entsteht eine erste Landkarte zum Thema, aus der in weiteren Schritten genauere Strukturen entwickelt werden können. Angelika studiert Psychologie. Beim Einstieg in das Fachgebiet »Entwicklungspsychologie« fertigt sie zur ersten Groborientierung ein Mind-Map an.

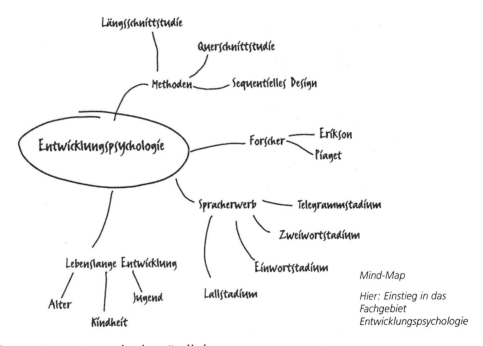

Mind-Map

Hier: Einstieg in das Fachgebiet Entwicklungspsychologie

Viele weitere Bauarten sind möglich

Dies waren die wichtigsten Strukturformen, mit denen Sie Ihren Lernstoff ordnen können. Jedes Thema, mit dem Sie sich beschäftigen, lädt auf andere Weise dazu ein, strukturiert und visualisiert zu werden. Grundsätzlich »richtige« und »falsche« Lösungen gibt es dabei nicht. Wichtig ist, dass Ihre Lösung für Sie passt. Schließlich sind Sie der Baumeister!

5.4 Ihr Baugewinn

Sie sind aktiv!

Als lernender Baumeister sind Sie aktiv! Informationen ziehen nicht einfach müde an Ihnen vorüber: Sie nehmen sie bewusst wahr. Sie unternehmen etwas mit ihnen: Sie bewerten sie nach Wichtigkeit, ordnen sie ein, verbinden sie. Aktiv konstruieren Sie Ihr Verständnis von Zusammenhängen. Der Vorteil liegt auf der Hand: Je aktiver Sie sich als Lernender mit Ihrem Lernthema befassen, desto größer ist die Verarbeitungstiefe.

Sie überblicken!

Wer strukturiert, erkennt Zusammenhänge und Gegensätze leichter. Ein Beispiel: Viele Berlin-Besucher zieht es zu Beginn ihres Aufenthaltes auf Funk- und Kirchtürme. Von oben lässt sich die große Stadt überblicken. Ost und West, Stadtteile und Kieze lassen sich erkennen und einordnen. Herausragende Ausgangspunkte zeigen sich. Unten angekommen können die Touristen die Hauptstadt anders erleben. Einzelne Straßen, Bauwerke und Plätze finden im zuvor entstandenen Überblick ihren Platz.

Wer Lernstoff strukturiert, erkennt durch den »Turmblick« Zusammenhänge, Grenzen und wichtige Knotenpunkte des Themas.

Sie sparen Zeit!

Zugegeben, auf den ersten Blick erscheint die Arbeit mit Strukturen eher mühsam und zeitaufwändig. Die investierte Zeit zahlt sich jedoch bald aus:

- Der Lernstoff wird intensiver verankert, weil Sie ihn aktiv bearbeiten.

- Zur Weiterarbeit und Wiederholung können Sie später auf Ihre gemachten Strukturen zurückgreifen. Sie brauchen nicht mehr ganze Texte zu lesen oder lange Mitschriften von Vorlesungen noch einmal durchzugehen. Die Struktur wird zum Ausgangspunkt für Ihre Erinnerung.

Ein Tipp: Notieren Sie neben Ihren Strukturen immer Datum und Quelle. So entsteht im Laufe der Zeit Ihr eigenes Archiv der wichtigsten Ausgangspunkte für viele Lernthemen.

5.5 Schwierigkeiten am Bau

Zu viele Informationen

Dieser Schwierigkeit werden Sie immer wieder begegnen. Die Masse der Informationen erscheint Ihnen zu groß und zu unterschiedlich, um in eine Struktur gebunden zu werden. Das Problem lässt sich lösen: Entwickeln Sie mehrere Strukturen. Häufig verschafft erst die Kombination mehrerer nebeneinander stehender Diagramme die erhoffte Klarheit.

Schwierige Entscheidungen beim Reduzieren

Wenn Strukturen Übersicht bieten sollen, muss der Lernstoff reduziert werden. Sie entscheiden, welche Informationen zentral sind. Vielen Lernenden fällt das Weglassen anfangs schwer. Sie haben Angst, wesentliche Inhalte auszuklammern. Reduzieren ist jedoch der Schlüssel für nützliche Strukturen. Informationen, die nicht in die Struktur aufgenommen werden, gehen dadurch nicht unbedingt verloren. Die Struktur bietet ein Gerüst, an das weggelassene Details später oder in einer zusätzlichen Detailstruktur angeknüpft werden können. Wie bei einem Stadtplan können Sie auch Strukturen mit unterschiedlichen Maßstäben erstellen. Eine erste Struktur mit kleinem Maßstab bietet einen Blick auf die Weite der Stadt, des Themas. Weitere Diagramme ergänzen – wie ein City-Stadtplan – bedeutende Bereiche mit weiteren Verzweigungen und Detailinformationen.

Anlaufschwierigkeiten

Bei manchen Themen erfordert es etwas Ausdauer, bis Sie eine zufrieden stellende Struktur gebastelt haben. Vielleicht brauchen Sie zwei, drei oder mehrere Anläufe, bis die Anordnung passt. Nehmen Sie sich die Zeit und bedenken Sie, dass Sie bei Ihren »Versuchen« immer dazu lernen.

Für andere unverständlich

Nicht alle Strukturen, die Sie entwickelt haben, erklären sich von alleine auch für andere Menschen. Für Sie als Baumeister sind die dargestellten Zusammenhänge klar. Sie haben sie schließlich entwickelt. Lassen Sie sich nicht von Außenstehenden verunsichern. Wenn sie nachfragen, nutzen Sie die Chance, Ihnen Ihre Visualisierung zu erklären.

5.6 Bautipps

Ihrer Kreativität sind beim Strukturieren keine Grenzen gesetzt. In den Lerntrainings machen wir immer wieder die Erfahrung, auf wie viel unterschiedliche, lebendige Arten sich Zusammenhänge darstellen lassen. Diese Vielfältigkeit macht nicht nur Spaß; sie bietet für die spätere Erinnerung gleichzeitig zusätzliche Abrufhilfen: Denn neben dem Inhalt kann sich Ihr Gehirn auch an die Form erinnern, mit der Sie das Thema bearbeitet haben. Je unterschiedlicher die Formen, mit denen Sie arbeiten, desto wirksamer sind die damit verknüpften Abrufhilfen.

Hier ein paar Bautipps, die Vielfalt und Unterschiedlichkeit in die Strukturen bringen:

Drehen und Wenden

Bei manchen Themen fällt der Weg zu einer passenden Struktur schwer. Mehrere Anordnungen sind möglich. Die einzelnen Informationen lassen sich drehen und wenden. Genau das empfehlen wir Ihnen: Schreiben Sie im ersten Schritt einzelne Aspekte auf kleine Karten. Im zweiten Schritt können Sie die Karten auf dem Schreibtisch, dem Fußboden oder mit Klebeband an der Wand zu unterschiedlichen Strukturen zusammenfügen. Wir machen die Erfahrung, dass zuvor unklare Zusammenhänge meist durch einige Versuche deutlich werden. Übrigens: Angehende Priester lernen auf diese Weise predigen: Im Predigttraining notieren sie einzelne Argumente auf Karten. Diese drehen und wenden sie dann so lange, bis eine überzeugende Struktur entsteht.

Vom Spickzettel zur Wandmalerei

Ihre Strukturen müssen Sie nicht auf DIN-A-4-Größe begrenzen. Manche Themen lassen sich auf großer Fläche viel deutlicher darstellen. Alexander zum Beispiel nahm am ersten Seminartag Flip-Chart-Bögen mit nach Hause. Im ersten Schritt notierte der Student der Wirtschaftsmathematik auf Karten sämtliche Formeln, die er in seinen ersten vier Semestern gelernt hatte. Im zweiten Schritt ordnete und übertrug er sie auf die große Fläche. Mit den Bögen unter dem Arm kam er am zweiten Tag und präsentierte sein umfassendes Ergebnis. Das ungewöhnliche Format hatte ihn zu dieser Aufgabe herausgefordert. »Es war wie Wandmalerei; jetzt habe ich die Zusammenhänge erkannt«, erklärte er. Mit Packpapier, Krepp-Klebeband, Filzstiften und einer freien Wand können in Kürze überraschende Bilder entstehen.

Manchmal ist es auch lohnend, ganz kleine Formate zu wählen: Wer mit Spickzetteln gearbeitet hat, erinnert sich: Es galt, wenige wichtige Informationen festzuhalten. Das kleine Format zwingt zur Stoffreduktion!

»Wir sprechen überhaupt zu viel, wir sollten mehr zeichnen«

Mit Goethes Worten ermuntern wir Sie, Bilder und Farbe in Ihre Strukturen zu bringen. Mit wenigen Strichen können Sachverhalte oft klarer dargestellt werden als mit vielen Worten. Ein wenig Farbe genügt, um den roten Faden zu zeigen. Sie müssen kein Künstler sein! Strichmännchen und kleine Skizzen reichen vollkommen aus. Als Anregung sehen Sie Beispiele, mit denen Seminarteilnehmer ihre Strukturen belebt haben.

Skizzen einer Seminarteilnehmerin zum Thema Rhetorik

Fangen Sie jetzt an!

Letzter Tipp: Fangen Sie jetzt an! Probieren Sie es einfach aus! Sie können unseren Übungstext nutzen. Bücher und Zeitschriften bieten Ihnen zudem endlose Möglichkeiten für Übungen. Viel Spaß!

5.7 Bauen Sie – ein Übungstext

Wir laden Sie ein, die Informationen des Textes zu strukturieren und zu visualisieren. Wichtig: Es gibt kein Richtig oder Falsch. Sie sind der Baumeister. Sie konstruieren Ihre Idee von den Aussagen und Zusammenhängen des Textes.

Kartographiegeräte

Weltweit sind Wissenschaftler seit Jahren dabei, in das menschliche Gehirn zu blicken. Sie finden dabei zunehmend Antworten auf die Fragen, was unser Gedächtnis ist, wie wir wahrnehmen, wie unser Gehirn Körperbewegungen steuert und wie wir lernen.

Bereits in der Renaissance, als Ärzte und andere Menschen erstmals Körper toter Krimineller sezierten, weiß die Wissenschaft, wie das Gehirn aussieht. Durch anatomische Untersuchungen konnte schon früh beträchtliches Wissen über die Struktur des Gehirns gesammelt werden.

Mit Erfindung des Mikroskops konnte das Verständnis vom menschlichen Gehirn beträchtlich erweitert werden. Zu Beginn des 20. Jahrhunderts wurden neue Techniken entwickelt, mit denen Nervenzellen eingefärbt und beobachtet werden konnten. Dabei konnten Synapsen und ihre Funktion bei der Informationsübertragung entdeckt werden.

Viele Methoden waren jedoch bis in jüngste Zeit nur bei toten Gehirnen anwendbar. Die Informationen blieben begrenzt; die dynamische Funktionsweise des lebenden Gehirns blieb verborgen.

In die Funktion des lebenden Gehirns wurden neue Einsichten durch Untersuchung an Menschen gewonnen, die z.B. durch Unfälle schwere Hirnverletzungen erlitten hatten. In Experimenten stellten Wissenschaftler fest, welche Hirnregionen durch den Unfall beschädigt oder zerstört waren. Sie setzten diese in Beziehung zu den Hirnfunktionen, die der Patient verloren hatte. So entwickelte man nach und nach Landkarten des Gehirns.

Die beiden wichtigsten Verfahren zur Kartographierung des Gehirns – die Betrachtung »natürlicher Experimente« an lebenden Menschen und die Autopsie toter Gehirne – blieben jedoch lange ohne Beziehung zueinander.

Ab 1970 kam es dann zu einer Reihe technologischer Durchbrüche, mit deren Hilfe man die Lücke schließen konnte. Es handelt sich hier um die Entwicklung neuer, unschädlicher Geräte und Verfahrensweisen zur Untersuchung des lebenden Gehirns. Die bekanntesten dieser neuen Werkzeuge sind der Computer-Tomograph (CT), der Positronen-Emissions-Tomograph (PET) und der Kernspin-Tomograph (MRT). Ein älteres Diagnoseverfahren, das bis heute mit beträchtlicher Häufigkeit und Effizienz eingesetzt wird, ist das Elektroenzephalogramm. Diese neuen Technologien basieren alle auf der Arbeit von Physikern, Medizinern, Mathematikern und Ingenieuren des 18. und 19. Jahrhunderts.

nach Davis, Joel: Faszination Gehirn – Entschlüsselung letzter Geheimnisse. Heidelberg: Umschau Braus, 1999

Diese Seite ist für Ihre Strukturen reserviert. Viel Spaß!

5.8 Richtfest

Auf dieser Seite finden Sie mögliche Strukturen zum Text. Es sind »Lösungen« von Seminarteilnehmern. Ihre Ergebnisse können ganz anders aussehen. Wichtig ist, dass Sie sich die wesentlichen Inhalte damit veranschaulichen und erklären können.

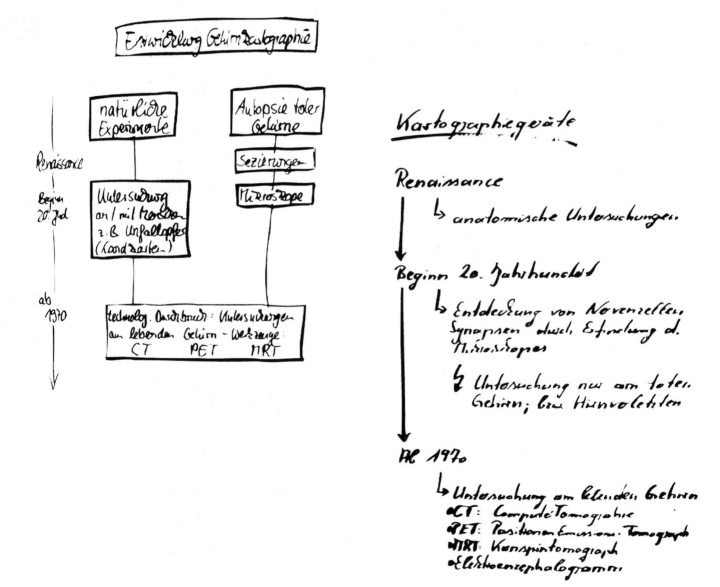

ERFORSCHUNG d. Gehirns

Renaissance — **um 1900** — **ab 1970**

- Sezieren v. toten Kriminellen (<u>Autopsie</u>) → Erste Erkenntnisse über die Struktur des Gehirns
- Erfindung d. Mikroskops → Wissenserweiterung
- Einfärbung & Beobachtung v. Nervenzellen → Entdeckung v. Synapsen & ihrer Funktion bei Informationsübertragung
- med. Experimente (<u>Kartographie</u>) → Erkenntnisse über das lebendige Gehirn
- Erfindung neuer Techniken → Verknüpfung von Wissen durch CT / PET & MRT + Elektroenzephalogramm

Zeit	Untersuchung Tot	Lebend
Renaissance	Sezierung	—
↓ 1900	Mikroskope	—
		Beobachtung
↓ 1970	weitere Technik	EEG / CT / PET / MRT
↓		

... Dampf ablassen

Das Lernen klappt am besten, wenn Sie begeistert, neugierig und voller Tatendrang dabei sind. In diesem Buch finden Sie viele Wege, wie Sie Ihren Lernstoff so verpacken können, dass das Lernen Spaß macht.

Aber mal ganz ehrlich: Manchmal ist die Lernerei einfach nur anstrengend und mühsam. Sie haben gerade überhaupt keine Lust auf das Thema. Frust und Unmut machen sich breit. Was tun?

Lassen Sie Ihren Gefühlen ruhig mal freien Lauf.

Das befreit ungemein. Es muss ja nicht ausgerechnet den geliebten Teddy treffen ...

Tipp: Finden Sie Ihr Wutventil

Bereiten Sie sich in gelassenem Zustand auf das nächste Mal vor und überlegen Sie: Was tut Ihnen gut, wenn Sie mal wieder Dampf ablassen müssen? Neue und fantasievolle Anregungen können Ihnen Ihre Freunde liefern. Fragen Sie einfach beim nächsten Fest oder Kneipenabend in die Runde: "Wie lasst Ihr eigentlich Dampf ab?" Sie werden Unerwartetes von Ihren Freunden erfahren. Zum Beispiel, dass Thomas energisch Fußböden wienert, Beate die Musik aufdreht und laut Karaoke singt und Robert sich unter der S-Bahn-Brücke seine Wut aus dem Bauch schreit.

6 Merkwürdig – das merk' ich mir
Gut speichern mit Lernbrücken

6.1 Das merk' ich mir

6.2 Aufgemerkt!

6.3 Kluge Esel

6.4 Den Schatz nutzen

6.5 So bauen Sie eine Lernbrücke

Schritt 1: Auswählen

Schritt 2: Assoziieren

Schritt 3: Brücke bauen

6.6 Erinnern Sie sich?

6.7 Sechs spezielle Merktechniken

6.8 Sechs Merktipps

6.9 Übung: Woher kommen Ihre Geldscheine?

6.1 Das merk' ich mir

Vor 14 Tagen haben Sie von Ihrer Bank den Zahlencode zu Ihrer neuen Geldkarte erhalten. Während Sie den versiegelten Umschlag öffneten, sagten Sie sich: »Diese vier Zahlen muss ich mir unbedingt merken« und murmelten den neuen Code einige Minuten lang vor sich hin. Dann vernichteten Sie vorschriftsgemäß den Bogen. Nun stehen Sie vor dem Wochenendeinkauf am Bankautomaten. Sie halten die neue Geldkarte in Ihren Händen, die Zahlenkombination im Kopf ist jedoch wie weggeblasen. Zahlencode nicht gemerkt – kein Geld fürs Wochenende ...

Ganz so drastisch fallen die Folgen nicht immer aus, wenn Sie Informationen nicht mehr abrufen können, die Sie sich gezielt merken wollten. Bei vielen Lerninhalten wünschen wir uns dennoch, sie möglichst langfristig und sicher im Langzeitgedächtnis speichern zu können.

In diesem Kapitel lernen Sie Techniken kennen, mit denen Sie sich Namen, Jahreszahlen, Einkaufslisten, Formeln, Reihenfolgen oder Vokabeln – und natürlich auch Geheimcodes – einprägen können.

6.2 Aufgemerkt!

Los geht's mit einem Experiment: Bitte nehmen Sie sich zwei Minuten Zeit, und prägen Sie sich von den folgenden Begriffen und Zahlen so viele wie möglich ein. Verzichten Sie zunächst auf Notizen. Alles klar?

Bismarck	Plusquamperfekt
Begonie	Lawine
Ulrich Wickert	29. 06. 1922
292638	Butterkuchen
BA-WÜ	Pilger
Forum	Ratlosigkeit

Vielen Dank. Sie können sich wieder entspannen. Wir kommen später auf das Experiment zurück.

6.3 Kluge Esel

Sicherlich kennen Sie Eselsbrücken aus Ihrer Schulzeit. Fällt Ihnen eine ein? In diesem Kapitel werden Sie einigen bekannten begegnen – und auch ein paar neue finden. Vor allem aber werden Sie lernen, wie Sie solche Brücken selbst entwickeln und gezielt einsetzen können, um sich Neues besser zu merken.

Eselsbrücken haben keinen besonders guten Ruf. Dem Esel wird unterstellt, einfältig, dumm und störrisch zu sein. Um ans Ziel zu kommen, baut er sich Brücken. Andere, vermeintlich Klügere meinen, solche Brücken nicht zu brauchen. Doch diese Vorstellung beruht auf einem Irrtum. Was der menschliche »Esel« tut, wenn er sich beim Lernen Brücken zu Hilfe nimmt, ist nicht einfältig. Eselsbrücken sind kluge Merkhilfen. Aber worin liegt das Erfolgsrezept des »klugen Esels«? Der »kluge Esel« überbrückt ein schwieriges Wegstück – zwischen dem, was er bereits weiß und kennt auf der einen Seite, und dem, was ihm fremd und unbekannt ist, was er sich also merken will, auf der anderen Seite.

Durch den Brückenbau unterstützt er sein Gehirn im Lern- und Merkprozess. Denn wer sich Neues merken will, muss immer wieder zwischen bereits gespeicherten und den neuen Informationen Verbindungen schaffen.

6.4 Den Schatz nutzen

Ist Ihnen bewusst, über welchen ungeheuren Wissens- und Erfahrungsschatz Sie verfügen?

Im Laufe Ihres Lebens speichern Sie ständig neue Informationen. Fakten, Erlebnisse und Gefühle erweitern Ihr stets wachsendes Wissens- und Erfahrungsnetz. Die Informationen sind im Gehirn tatsächlich netzförmig organisiert. Das neuronale Netz Ihres Großhirns besteht aus über 100 Milliarden eng miteinander verbundenen Nervenzellen. Sie bilden ein unvorstellbar komplexes, schnelles und vielseitiges System der Informationsspeicherung und Nachrichtenübermittlung.

Jede einzelne Information steht in diesem Netz mit vielen anderen in Beziehung. Ein Wort, ein Eindruck, eine Erinnerung kann daher bei Ihnen zahlreiche weitere Assoziationen auslösen. Der Begriff »Assoziation« kommt aus dem Lateinischen und bedeutet Verknüpfung, Zusammenschluss. Die vielen Verknüpfungen und Zusammenschlüsse in Ihrem Wissens- und Erfahrungsnetz sind für Sie von unschätzbarem Wert. Sie gebrauchen sie in jeder Sekunde Ihres Lebens – selbst beim Träumen – und können sie beim Lernen gezielt nutzen.

In den Lerntrainings fragen wir die Teilnehmer zum Beispiel, welche Assoziationen sie spontan zu »Hamburg« haben, und zeichnen die verschiedenen Gedanken in Form eines Netzes an die Tafel. Es ist erstaunlich, wie viele Informationen binnen weniger Minuten zu einem einzigen Wort abgerufen werden. Um »Hamburg« herum wird auf diese Art ein Wissens- und Erfahrungsnetz sichtbar.

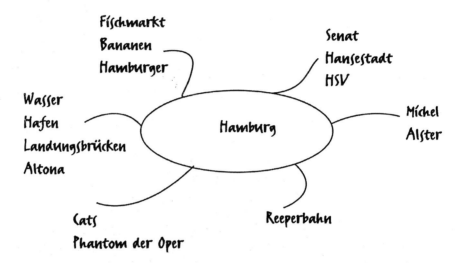

Die Abbildung macht dabei Folgendes deutlich:

- Das Netz verzweigt sich in **viele verschiedene Richtungen:** Wasser, Politik, Ernährung, persönliche Beziehungen zu Hamburg, z.B. Erlebnisse bei Besuchen und viele weitere Stränge können entwickelt werden.

- »Hamburg« und die unmittelbar damit verbundenen Gedanken sind nur ein **winziger Ausschnitt** Ihres persönlichen Wissens- und Erfahrungsnetzes. In allen Richtungen geht das Netz unendlich weiter.

- Die netzförmige Organisationsweise ermöglicht dabei **überraschende Verbindungen**. So verbinden Sie mit Hamburg vielleicht die Volksfeste »Winterdom« und »Sommerdom« und – zack! – landen Sie über den »Dom« in den Feldern Kirchengeschichte, Architektur oder Dominikaner.

- Ihr individuelles Wissens- und Erfahrungsnetz ist **einzigartig**. Wahrscheinlich gingen Ihnen bei »Hamburg« teilweise ganz andere Assoziationen durch den Kopf. Vielleicht erinnerten Sie sich an eine Städtetour, an einen Musicalbesuch, an gute Freunde, die in Hamburg leben, oder an Ihre eigenen Jahre in Hamburg.

- Je mehr **Bedeutung** ein Thema in Ihrem Leben hat oder hatte, je mehr Einzelheiten Sie dazu bereits gelernt haben, desto engmaschiger ist das Netz an diesen Stellen ausgebildet. Zum Beispiel auf einem Gebiet, auf dem Sie Experte sind oder es gerade werden.

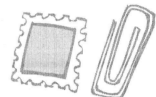

Zeichnen Sie nun auch selbst ein Assoziationsnetz auf: Was fällt Ihnen zu den Begriffen »Mond« oder »Netz« ein? Wählen Sie einen der beiden Begriffe aus, nehmen Sie sich fünf Minuten Zeit und tragen Sie alle Gedanken zusammen, die Ihnen in den Sinn kommen. Die Struktur eines Mind-Maps (siehe Seite 61) eignet sich für solche Assoziationsübungen besonders gut. Sie ermöglicht, frei in viele Richtungen zu denken.

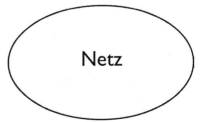

Rund um »Mond« oder »Netz« haben Sie eben einen kleinen Teilausschnitt Ihres Wissens- und Erfahrungsnetzes abgebildet. Ein beliebiger einzelner Begriff löst normalerweise ganze Ketten von Gedanken, Erinnerungen und Ideen aus. Wenn in Ihrem Gehirn in Ihrer Vorstellung bereits um »Hamburg«, »Mond« oder »Netz« so viele Verzweigungen bestehen, wie riesig muss dann erst Ihr Wissens- und Erfahrungsnetz als Ganzes aussehen?

Umfang und Komplexität des neuronalen Netzes werden durch die Versuche deutlich, Computer zu entwickeln, die mit den Leistungen des menschlichen Gehirns konkurrieren können. Der Amerikaner Steven Pinker beschreibt, welche Anstrengungen nötig sind, um Computer allein mit dem durchschnittlichen Grundwissen eines erwachsenen Menschen auszustatten. Er schätzt, dass ein erwachsener Mensch über mehr als 10 Millionen »Basisfakten« verfügt. Basisfakten sind Informationen, die Ihnen heute »sonnenklar« sind. Der Computer muss sie mühsam »lernen«. Und Sie haben sie auch alle einmal gelernt.

Denn Sie wissen bestimmt,

- dass Wale nicht mit dem Bus zur Arbeit fahren,
- dass Kinder nie älter sind als ihre Mütter,
- dass das Empire State Building nicht heiraten kann oder
- dass Zebras keine Unterhosen tragen.

Was aber hat das mit dem Merken und Behalten zu tun?

Wie schon erwähnt, wird der große Wissens- und Erfahrungsschatz (inklusive unterhosenloser Zebras) genutzt, sobald Ihnen Neues begegnet, bzw. Sie Neues lernen.

Ein Beispiel: Im Radio hören Sie: »Die Produktionskosten für den neuesten Hollywoodstreifen betragen über 280 Millionen Dollar.« Was passiert nun damit? Sie nehmen diesen Satz wahr und Ihr suchendes Gehirn hält Ausschau: »Was ist bereits zu Hollywood gespeichert?« Was auch immer Sie hören, lesen, sehen und erfahren: Ihr Gehirn sucht nach bereits gespeicherten Informationen, an die es die Neuigkeiten sinnvoll anknüpfen kann.

Grundsätzlich leistet Ihr Gehirn diese Arbeit ganz selbstständig. Immer ist es bestrebt, Neues mit Altem zu verbinden. Sie können Ihr Gehirn aber unterstützen. Und zwar so:

Stellen Sie Verbindungen her!

Halten Sie gezielt Ausschau nach möglichen Verbindungen zwischen dem, was Sie neu lernen, und dem, was Sie bereits wissen. Fragen Sie sich, was Sie bereits Ähnliches gesehen, gehört oder erlebt haben. Wenn Ihnen nicht auf Anhieb eine Verbindung einfällt, dann ist das kreative Bauen von Lernbrücken gefragt. Und nun kommt endlich der kluge Esel wieder ins Spiel. Auf den folgenden Seiten lernen Sie verschiedene Schritte und Techniken kennen, mit denen Sie fantasievolle Brücken bauen können.

6.5 So bauen Sie eine Lernbrücke

Manchmal brauchen Sie kaum nachzudenken, um eine Lernbrücke zu bauen. Wenige Blicke auf den Lernstoff genügen, und Ihnen fällt sofort etwas Prägnantes ein: »So kann ich mir das gut merken.« Leider klappt es nicht immer so leicht. Lernbrückenbau ist oft richtige Gedankenarbeit.

Um eine wirksame Lernbrücke zu kreieren, empfehlen wir drei Arbeitsschritte. Bei geübten Brückenbauern gehen diese Schritte in der Praxis fließend ineinander über. Wer aber erst beginnt, Lernbrücken gezielt einzusetzen, sollte die Phasen zu Beginn bewusst unterscheiden. Die drei Schritte werden Ihnen in diesem Kapitel immer wieder begegnen, wenn Merktechniken beschrieben und erprobt werden.

Schritt 1: Auswählen

Welche Informationen wollen Sie sich gründlich einprägen? Einzelne Vokabeln, Geschichtszahlen oder Definitionen sind auszuwählen. Das Lernen mit Lernbrücken gleicht einer Intensivbehandlung von bestimmten Teilen des Lernstoffs. Dies ist nur möglich, wenn zuvor eine klare Auswahl getroffen wurde. Ausgewählt werden sollten besonders die »harten Nüsse« – Lernstoff, bei dem Sie denken: »Das kann ich mir nie merken!« oder »Das vergesse ich immer wieder!«

Schritt 2: Assoziieren

Um eine Brücke bauen zu können, wird natürlich Material benötigt. Rund um den ausgewählten Lernstoff ist zu überlegen: »Was weiß ich bereits Ähnliches, Verwandtes dazu?« Wie Sie es zuvor mit den Begriffen »Mond« oder »Netz« gemacht haben, werden nun – beispielsweise in Form eines Mind-Maps – Assoziationen gesammelt.

Je mehr Ideen hier gesammelt werden, desto leichter wird Ihnen der dritte Schritt fallen. Vielen Lernenden fällt aber gerade Schritt 2 zunächst schwer. Sie sagen: »Ich kann so nicht denken. Ich bin nicht kreativ. Das fließt nicht und ist nur anstrengend. Warum diese Umwege?« Nach den ersten Übungen sind jedoch die meisten erstaunt, wie viele Informationen und wie viele Ideen sie doch sammeln können und was sich später daraus machen lässt.

Schritt 3: Brücke bauen

Erst im dritten Schritt entsteht die eigentliche Lernbrücke: Aus dem gesammelten Material wird nun ausgesucht, womit die Brücke gebaut werden kann. Wie das funktioniert, erfahren Sie gleich ab Seite 83.

6.6 Erinnern Sie sich?

Zu Beginn dieses Kapitels hatten wir Sie gebeten, sich zwölf Begriffe und Zahlenfolgen einzuprägen. Schreiben Sie nun bitte auf, woran Sie sich noch erinnern können.

_____	_____
_____	_____
_____	_____
_____	_____
_____	_____
_____	_____

Wie ist es Ihnen ergangen? Die Anzahl der gemerkten Begriffe spielt zunächst keine Rolle. Viel wichtiger ist hier die Frage, *auf welche Art und Weise* Sie sich die Informationen gemerkt haben. Bevor Sie weiterlesen, bitten wir Sie innezuhalten und sich selbst nachträglich zu beobachten: Wie haben Sie sich die Fakten gemerkt? Beschreiben Sie in einigen Stichworten Ihr persönliches Vorgehen, Ihre Strategie.

_____

_____

_____

6.7 Sechs spezielle Merktechniken

In diesem Abschnitt lernen Sie sechs verschiedene Merktechniken kennen. Gut möglich, dass Sie die eine oder andere bei dem Experiment vorhin eingesetzt haben.

Lupen-Technik

Mal ganz ehrlich: Wie viele dieser Fremdwörter können Sie aus dem Stand erklären? Versuchen Sie es, bevor Sie weiterlesen!

Häufig wimmelt es im Lernstoff für Ausbildung, Schule und Studium nur so von Fachbegriffen und Fremdwörtern. Gewählter Ausdruck und Fachsprache haben einige große Vorteile. Spezielle Sachverhalte lassen sich durch Fachbegriffe genau und unmissverständlich bezeichnen. Experten können sich in der Fachsprache über ihr Spezialgebiet gut austauschen. Für alle jedoch, die erst Experten werden wollen, sind Fachbegriffe anfangs leider eher hinderlich. Denn jedes Fachwort, das Sie sich als Lernende nicht erklären können, ist ein »großer Unbekannter« in Ihrem Lernstoff. Und »große Unbekannte« machen das Lernen umständlich und schwer.

Claudia berichtet von ihren Erfahrungen bei unserem Experiment auf Seite 72:

»Mit zwei Begriffen konnte ich zunächst gar nichts anfangen: BA-WÜ und Plusquamperfekt. Erst auf den zweiten Blick wurde mir klar, dass BA-WÜ für Baden-Württemberg steht. Dann konnte ich es mir sogar umso besser merken, weil ich

es mit den Großbuchstaben anders ansah als die anderen Worte; Plusquamperfekt sagte mir nichts. Es fiel mir auch später nicht mehr ein.«

Was heißt das? Je besser Sie sich einen bestimmten Lernstoff selbst erklären können, je mehr Sie damit anfangen können, desto leichter fällt es Ihnen, die neuen Informationen an alte anzuknüpfen und sie zu speichern. Wer sich fremde Informationen gleich gründlich »unter der Lupe« anschaut, sorgt für schnelle Klärung. Das klingt recht einfach und ist es auch. Ein Blick ins Fremdwörterlexikon, Herkunftswörterbuch, in einen Atlas oder andere Nachschlagewerke führt meist zum klaren Verständnis. Zum Beispiel zu diesem:

»Plus-quam-perfekt kommt aus dem Lateinischen und heißt wörtlich übersetzt »mehr-als-Vergangenheit«. Ich erkenne, ich erkannte, ich habe erkannt und das Plusquamperfekt: ich hatte erkannt!«

Aber nicht nur Lexika sind eine gute Hilfe, um Lernstoff unter die Lupe zu nehmen. Mit wenigen Fragen an Lehrer, Professoren, Ausbilder, Freunde oder eine Suchmaschine im Internet können Sie manch »großen Unbekannten« zum Vertrauten machen. Auch das klingt einfach.

Leider trauen sich viele Lernende jedoch häufig nicht, gerade einfache oder dumm scheinende Fragen zu stellen. Das ist schade, denn sie bleiben mit den »großen Unbekannten« allein. Wir ermuntern Sie daher wann immer möglich, Ihren Lernstoff im Detail zu betrachten und sich und andere zu fragen:

- Was heißt das übersetzt?
- Woher kommt der Begriff?
- In welchem Zusammenhang ist das Wort hier zu sehen?
- Wann war das Ereignis genau?
- Wo liegt dieser Ort wirklich?

»Wer fragt, der führt«, heißt ein Grundsatz in der Führungskräftefortbildung. Und er gilt auch für das Lernen. Wer beim Lernen Fragen stellt – an sich selbst, an Bücher, das Internet und an andere Menschen –, der übernimmt die Führung im Lernprozess und kann Richtung und Tempo steuern.

Tipp:

Wenn Sie eifrig nachschlagen, recherchieren und nachfragen, finden Sie so viele klärende Antworten, dass daraus eine schöne Lernsammlung entstehen kann. Manche Lernende sammeln ihre Antworten in Karteien oder persönlichen Wörterbüchern. So kann auch später noch nach bereits geklärten Fragen gesucht werden.

Geschichten-Technik

Sie haben bei der Arbeit oder bei einem Stadtbummel vormittags etwas ganz Außergewöhnliches erlebt. »Unglaublich!«, sagen Sie zu sich selbst und können sich kaum wieder beruhigen. Was Ihnen da widerfuhr, war sensationell. Sie müssen es unbedingt jemandem zu Hause erzählen. Diese Sache werden Sie auch so schnell nicht mehr vergessen.

Merkwürdige Erlebnisse und außergewöhnliche, aufregende Gedanken prägen sich besonders gut ein. Das können Sie nutzen, indem Sie aus Ihrem Lernstoff ausgefallene Geschichten entwickeln. Dabei gilt: Je merkwürdiger, desto besser.

Wie entsteht nun eine solche Merkgeschichte?

Schritt 1: Auswählen

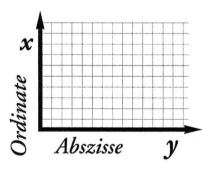

Wählen Sie zunächst aus, was Sie sich einprägen wollen. Holger zum Beispiel hat folgenden Lernwunsch:

»In Mathematik bringe ich immer wieder durcheinander, was im Koordinatensystem Abszisse und was Ordinate heißt. Es wäre toll, wenn ich mir das ein für alle Mal merken könnte.«

Schritt 2: Assoziieren

Im zweiten Schritt sammeln Sie das Futter für Ihre Geschichte. Was fällt Ihnen zu den Begriffen Abszisse und Ordinate und zu deren Lage im Koordinatensystem ein? Was klingt ähnlich, auch wenn es eine ganz andere Bedeutung hat? Welche Gegensätze gibt es? Alle Assoziationen sind erwünscht. Holger sammelt:

»Also erst mal fallen mir verschiedene Wörter zur Lage ein: waagrecht, horizontal, liegend, senkrecht, vertikal, stehend, aufrecht. Hmmm, klingt langweilig. Und die Begriffe selbst? Ordinate klingt wie Ordnung, Ordinariat, Ordinarius oder Sonate. Und Abszisse klingt wie absitzen, Skizze, Abszess. Das ist schon besser – vielleicht ein kleiner Krimi?«

Schritt 3: Brücke bauen

Aus dieser Sammlung kann im dritten Schritt die Merkbrücke entstehen. Es muss keine vollständige Geschichte sein. Eine einzelne Situation, ein auffallendes Ereignis, eine merkwürdige Verbindung reicht vollkommen aus. Als Werkzeuge dienen Ironie, Humor oder Übertreibung. Häufig bieten schon einzelne Silben Stoff für Wortspiele: Ähnelt der Klang des Begriffs anderen Worten – vielleicht auch in anderen Sprachen? Trockene Informationen, Gegenstände und Figuren können durch eigenartige Charaktere belebt werden.

Wichtig ist, dass Sie sich die Episode gut vorstellen können und dass in der Geschichte die Informationen, hier die Lage und die Bezeichnung, gut miteinander verbunden werden. Holgers Idee:

»O.k. So könnte es gehen: Abszisse klingt wie Abszess. Ein Abszess ist eine recht unangenehme Krankheit mit Eiterbildung. Wer daran leidet, muss vielleicht sogar flach liegen in der Horizontalen. Und nun zur Sicherheit noch eine Brücke zur Ordinate: Da fiel mir auch gleich ein ähnlich klingendes Wort ein: der Ordinarius. Ein Würdenträger bei der Kirche oder an einer Hochschule. Der geht ganz aufrecht, also senkrecht, mit erhobenem Zeigefinger umher und sagt allen, wo es langgeht, damit die Jüngeren steil nach oben kommen, also in den Himmel oder auf der Karriereleiter. – Naja, zwar kein Krimi, aber jetzt ist es mir schon ganz klar vor Augen.«

Vielleicht denken Sie jetzt: »Das klingt ja schön und gut, aber es dauert viel zu lange, bis ich auf so etwas komme. Bevor ich einen solchen Umweg mache, lerne ich es doch leichter einfach auswendig.« Richtig ist, dass es einige Zeit kostet, bis solche verrückten Merkbrücken entstehen. Aber die Erfahrung vieler Lernender zeigt, dass sich die Investition langfristig lohnt. Probieren Sie es nun selbst an Siegberts Beispiel aus:

Schritt 1: Auswählen

»Ich gehe sehr gerne abends italienisch essen. Den ganzen Tag über freue ich mich dann schon auf Pizza oder Pasta. Aber jedes Mal im Restaurant stelle ich beim Blick auf die Speisekarte fest, dass ich noch immer nicht von jeder Nudelsorte weiß, wie sie geformt ist. Wie sehen Penne, Fusilli, Farfalle und Fettuccine aus? Wenn ich dafür Lernbrücken hätte, das wäre Klasse.«

Penne

Ihre Unterstützung ist gefragt! Probieren Sie einmal, welche Brücken sich mit Hilfe der Geschichten-Technik bauen lassen.

Fusilli

Schritt 2: Assoziieren

Was fällt Ihnen ein?

Farfalle

Penne _____
Fusilli _____
Farfalle _____
Fettuccine _____

Fettuccine

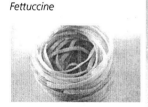

Schritt 3: Brücke bauen

Erfinden Sie aus ausgewählten Assoziationen je eine Brücke für jede Nudel:

Penne _____
Fusilli _____
Farfalle _____
Fettuccine _____

Hier ein paar Beispiele aus den Lerntrainings:

Penne

»Langweilernudeln sind das. Wie die schon daliegen. Ohne Pep, schläfrig und antriebslos. Anstatt mal was loszumachen, ver»*penne*«n sie ihr Leben.«

Fusilli

»Fusilli sind die verrücktesten Nudeln. Vollkommen »silly« eben. Und warum? Die irren Nudeln haben sich auf ihren kleinen Füßen (Fus) so lange lachend im Kreis gedreht, bis ihnen ganz schwindlig wurde. Da wurden sie verrückt.«

Farfalle

»Farfalle sehen aus wie die Früchte von Ahornbäumen. Die, die im Sommer aus schwindelnden Höhen drehend zu Boden fallen. Und das erklärt ja schon ihr Name: »Far« für weit und »falle« für fallen. Weit fallen sie drehend aus dem Himmel direkt in meinen offenen Mund. Hm. Lecker!«

Fettuccine

»Oh, Bandnudeln sind das. Die sind verdeckt im Auftrag der örtlichen Wäscherei unterwegs. In Komplizenschaft mit roter Tomatensoße sind sie auf weiße Hemden und Blusen angesetzt. Die schmekken prima, man kriegt gar nicht genug, schlabbert sie rein, und dann schlagen sie mit fiesen Fettflecken zu. Diebisch freuen sie sich, wenn ich fluche: »Fett – uu – ihh - nee!«

Biografien-Technik

Zwei Fragen zum Start:

1. Wann wurde Helmut Kohl Bundeskanzler?
2. In welchem Jahr landete Armstrong als erster Mensch auf dem Mond?

Diese Fragen stellen wir auch in den Lerntrainings. Ob die Fragen richtig beantwortet werden, ist sehr unterschiedlich. Eine Beobachtung können wir jedoch meistens machen: Wenn wir die Lernenden fragen, *wie* sie die richtigen Antworten gefunden haben, werden häufig Wege wie diese beschrieben:

»*Das mit dem Mond war einfach für mich. Das war das Jahr, in dem ich geheiratet habe, wenige Wochen vor unserer Hochzeit, also 1969.*«

»*Kohl. Ja, das weiß ich. Ich habe zwar wenig Ahnung von Politik. Aber ich erinnere mich daran, wie wir uns in dieser Zeit als Kinder folgenden Witz erzählten:* »*Schmidt kommt zum Häschen. Häschen fragt: Willtu du Kanzler bleiben? Schmidt nickt. Häschen antwortet: Muttu du Kohl fressen.*« *Ein blöder Witz. Aber ich weiß genau, wo wir ihn erzählt haben: Es war im Klassenzimmer meines ersten Jahres an der Realschule, ganz am Beginn des Schuljahres. Das war 1982. Ich erinnere mich ganz genau.*«

Gemeinsam ist den Antworten, dass die Lösungen über persönliche, biografische Erfahrungen gefunden werden. Schulanfänge, Freundschaften, Hochzeiten, Todesfälle, die erste Liebe, Sommerurlaube und andere wichtige persönliche Ereignisse dienen als Brükken. Die Erlebnisse haben mit dem Fachinhalt häufig wenig zu tun. Und dennoch werden die Fakten oft präzise und sicher erinnert. Warum funktioniert das so gut?

Innerhalb der Gedächtnisfunktionen werden zwei verschiedene Abteilungen unterschieden, die eng zusammenarbeiten: das semantische und das episodische Gedächtnis. Im **semantischen Gedächtnis** befindet sich der Speicher für Sachwissen, für Fakten und Definitionen. Zum Beispiel: »*1993 – In Deutschland wer-*

den die neuen Postleitzahlen eingeführt.« Das **episodische Gedächtnis** speichert biografische Erlebnisse in all Ihrer Komplexität. Wir können uns daran erinnern, wie wir eine Sache wahrgenommen und erlebt haben. Zum Beispiel: *»Neue Postleitzahlen, das war der Sommer, in dem ich Abitur gemacht habe. Wir haben sie in unserer Abiturzeitung schon genutzt. Das war ganz neu und ungewohnt damals.«* Im episodischen Gedächtnis verfügen Sie über einen großen Schatz, den Sie nutzen können, wenn Sie sich Neues einprägen. Wie funktioniert das im Merkprozess?

Sie nehmen die Informationen auf, die Sie sich einprägen wollen. Dabei überlegen Sie sich:

- Was hat das mit *mir* zu tun?
- Woran erinnert *mich* das?
- Habe *ich* schon etwas Ähnliches, Gegenteiliges erlebt?
- Kenne *ich* jemanden, der damit in Verbindung steht?

Mit Ihren persönlichen Antworten färben Sie die zu lernenden Fakten ein. Manchmal liegt die passende Merkbrücke schnell auf der Hand; in anderen Fällen müssen Sie sich mit Hilfe anderer Techniken noch etwas basteln.

Hier kommt ein Feld, in dem Sie sich vielleicht »biographisch austoben« können. Kennen Sie die 16 deutschen Bundesländer und ihre Hauptstädte? Suchen Sie die Paare aus, bei denen Sie sich unsicher sind. Natürlich fallen Ihnen persönliche Erlebnisse zu einigen Städten und Ländern ein. Und daraus können dann Merkbrücken entstehen. Viel Spaß beim Spielen!

Doch vorweg ein Beispiel:

»Die meisten kann ich ganz gut. Aber die Hauptstädte von Hessen und Rheinland-Pfalz verwechsle ich häufig. In Mainz leben schon ewig Freunde meiner Eltern. Was mach ich nun mit denen? Die sind zu zweit, und Rheinland-Pfalz hat zwei Wörter. Das funktioniert. Und dann noch Hessen und Wiesbaden. Manchmal machten wir früher Ausflüge ins Hessische. Nach Hessen zum Essen ... und dann fantasier' ich noch dazu, dass wir anschließend baden waren ... an der Wies? Sehr merkwürdig, aber es könnte klappen!«

Die 16 Bundesländer und ihre Hauptstädte

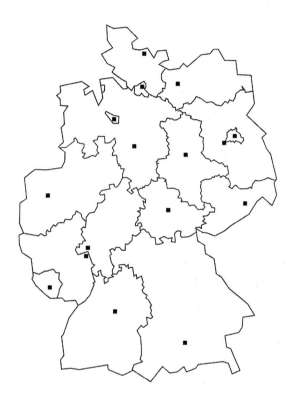

Baden-Württemberg	Stuttgart
Bayern	München
Berlin	Berlin
Brandenburg	Potsdam
Bremen	Bremen
Hamburg	Hamburg
Hessen	Wiesbaden
Mecklenburg-Vorpommern	Schwerin
Niedersachsen	Hannover
Nordrhein-Westfalen	Düsseldorf
Rheinland-Pfalz	Mainz
Saarland	Saarbrücken
Sachsen	Dresden
Sachsen-Anhalt	Magdeburg
Schleswig-Holstein	Kiel
Thüringen	Erfurt

Ortstermin-Technik

Diese Methode hat eine lange Geschichte. Unter der Bezeichnung »Locus-Technik« wurde sie bereits von den alten Griechen und Römern zu rhetorischen Zwecken genutzt, um vor Gericht frei vortragen zu können, z.B. bei der Anklage. Vor den Verhandlungen prägten sich die Redner die genaue Abfolge ihrer Argumente ein. Im Geiste stellten sie sich dabei einen Weg oder Ort vor, den sie besonders gut kannten. Einzelne Plätze wurden mit Argumenten der Rede verbunden. Im Ernstfall vor Gericht konnten sie in Gedanken den bekannten Weg ablaufen, ohne wichtige Punkte zu vergessen. »Locus« kommt aus dem Lateinischen und heißt »Ort«. Vertraute Häuser, Wohnungen, Plätze und Wege sind Hilfsmittel bei dieser Technik.

Wie können Sie die Technik einsetzen? Zur Unterstützung benötigen Sie einen Ort, Platz oder Weg, den Sie sich gut vorstellen können. Denken Sie an Ihre Wohnung, Ihr Elternhaus, Wohnungen von Freunden und Verwandten, Ihre Schule, Ihren Arbeitsplatz, den Weg dorthin oder Ihre typische »Einkaufsrunde«. Möglich sind viele weitere »Räume«: Zum Beispiel Ihre Hand- oder Reisetasche mit den verschiedenen Fächern. Sogar Ihr Körper kann als Grundlage dienen, um die Informationen zu verankern. Wichtig ist, dass Ihnen der gewählte Platz vertraut ist und Sie ihn sich ohne Mühe vorstellen können.

Im zweiten Schritt sehen Sie sich Ihren Lernstoff an. Einzelne Inhalte werden nun bestimmten Plätzen zugeordnet. Je besser die Inhalte zu den Orten passen, je einleuchtender ist, warum sie dort hingehören, desto wahrscheinlicher werden Sie sie später – beim Ortstermin – wieder finden.

| Von Kopf bis Fuß auf **Lernen** eingestellt |

Ein Beispiel: May stellt in einem Lerntraining vor, wie sie die Ortstermin-Technik im Biologieunterricht nutzt.

Reich
Stamm
Klasse
Ordnung
Familie
Gattung
Art

*»In Biologie müssen wir immer wieder Pflanzen bestimmen. Dafür gibt's von Carl von Linné eine Klassifikation. Ohne die kommt man nicht weit. Geordnet wird in Reich, Stamm, Klasse, Ordnung, Familie, Gattung und Art. Bislang konnte ich mir die Reihenfolge nie merken. Nun habe ich das Haus meiner Eltern vor Augen. Dort lebe ich seit 18 Jahren. Ich kann mir alles genau vorstellen. Los geht's an der Haustür. Da meine Eltern ihr Haus lieben, stelle ich mir vor, dass dort ein Schild hängt, auf dem steht: »Willkommen in unserem **Reich**«. Wenn man reinkommt, ist rechts die Treppe. Die ist aus altem Holz und hat für das Geländer einen **Stamm**, der bis nach oben durchgeht. Gleich rechts hinter der Treppe liegt das Arbeitszimmer meiner Mutter. Sie ist Lehrerin und bereitet sich dort für die Arbeit in der **Klasse** vor. Alles ist in Regalen und Ordnern sauber abgelegt. Sie legt großen Wert auf **Ordnung**. Gleich links vom Arbeitszimmer liegt das Wohnzimmer, unser **Familie**nzimmer. Jetzt geht's nach oben. Dort sind die Schlafzimmer. Da fällt mir **Gattung** ein ... Und ganz unterm Dach ist unser Speicher. Wer nicht **art**ig ist, muss hoch und aufräumen.«*

Wie an Mays Beispiel zu sehen ist, eignet sich die Ortstermin-Technik besonders gut, um sich zusammengehörende Informationen in einer bestimmten Reihenfolge einzuprägen. Damit dies funktioniert, ist ein möglichst logischer Weg durch Wohnung oder Ort zu wählen.

Jetzt Sie: Probieren Sie es gleich mal aus. Suchen Sie sich dafür eine der beiden Übungsaufgaben aus.

Die sieben Todsünden:	Die Disziplinen des Zehnkampfes:
Der Hochmut	Kugelstoßen
Der Neid	Diskuswerfen
Der Zorn	Weitsprung
Die Trägheit	Stabhochsprung
Der Geiz	Hochsprung
Die Völlerei	Speerwurf
Die Wollust	1500 m Lauf
	400 m Lauf
	100 m Lauf
	110 m Hürden

Foto-Technik

Bei Ihrem Ortstermin haben Sie die Foto-Technik sicherlich bereits genutzt. Und auch bei der Geschichten-Technik. Erinnern Sie sich noch an die Nudeln? Da waren die verrückten Fusilli. Wissen Sie noch, wie sie aussehen? Wie sie tanzten, bis sie schließlich verrückt wurden? Oder die langweiligen Penne, die untätig herumlagen. Können Sie sie sehen?

Es ist beeindruckend, wie gut das menschliche Gehirn Bilder speichern kann. Aber mehr noch: Unser Geist ist auch ohne neue äußere Eindrücke in der Lage, eigene Vorstellungen und Bilder zu erschaffen. Fantastisch, welche Landschaften, Städte und Figuren Sie vor Ihrem geistigen Auge zum Leben erwecken können.

Mit etwas Übung können Sie diese Gabe nutzen, indem Sie zu Ihrem Merkstoff eigene Bilder entwickeln. Machen Sie sich ein merkfähiges Bild von Formeln, Zahlen, Episoden und Geschichten. Es können sogar kleine Filme in Ihren Gedanken entstehen, die Sie zur Erinnerung später ablaufen lassen. Hier ein Beispiel:

Jutta beschließt nach dem Schwimmen, im Supermarkt einzukaufen. In der Umkleidekabine stellt sie in Gedanken Ihren Einkaufszettel zusammen: 1 kg Tomaten, Müllbeutel, Bananen und Kaffeefilter. Im Schwimmbeutel hat sie nichts zum Schreiben zur Hand. Um keinen Posten zu vergessen, nimmt sie sich beim Föhnen kurz Zeit, um sich die vier Dinge mit Hilfe der Foto-Technik gut einzuprägen.

»Ich stelle mir genau vor, wie mein gefüllter Einkaufswagen auf dem Weg zur Kasse aussieht. Unten im Wagen die Tomaten. Ich sehe viele davon. Nicht nur ein Kilo. Einen ganzen Zentner habe ich eingeladen. Dicke, schwere Fleischtomaten, die sich in den Wagen quetschen und das Metall nach allen Seiten biegen. Über ihnen ein munteres Fest. Wie die Tanzmariechen tanzen Bananen fröhlich auf den Tomaten entlang. Dennoch fällt keine aus dem Wagen, denn blütenweiße Kaffeefilter haben sich durch die Gitter gewoben. Und dann die Müllbeutel. Die Rolle hat sich unterwegs geöffnet. Wie eine Braut auf dem Weg zum Altar ziehe ich einen Schleier aus durchsichtigem Plastik hinter dem Wagen her. Ich habe den gefüllten Wagen genau vor Augen.«

Können Sie den gefüllten Einkaufswagen auch sehen?

Hier ein paar Tipps, wie Sie besonders einprägsame Bilder kreieren können:

1 Bewegung

Bringen Sie Leben und Bewegung in Ihre Bilder. Ihrer Vorstellungskraft sind keine Grenzen gesetzt. Figuren und Gegenstände können sich langsam, schnell, schleppend oder hurtig bewegen (unruhig tanzende Bananen).

2 Groß und klein

In Ihrem geistigen Film können Sie Gegenstände und Figuren wie mit dem Kamerazoom wachsen oder schrumpfen lassen (riesige, dicke, schwere Fleischtomaten).

3 Verbindungen

Sorgen Sie für Verknüpfungen unter den einzelnen Bildteilen. Diese Brücken sind wichtig, damit Sie nicht später Einzelheiten Ihres Bildes vergessen (dank der Kaffeefilter fällt keine Banane aus dem Wagen).

4 Exakt

Stellen Sie sich die Bilder so genau wie möglich vor. Achten Sie auf Details wie Farben, Größen, Formen (der Brautschleier aus durchsichtigem Plastik).

Noch eine Variante: Eine Kombination aus Foto- und Geschichten-Technik können Sie auch einsetzen, wenn Sie sich wichtige Zahlen merken wollen: Geheimzahlen, Telefonnummern, Geschichtszahlen oder Geburtstage.

Im ersten Schritt entwickeln Sie für alle zehn Ziffern Bilder, die sich leicht mit der jeweiligen Zahl verbinden lassen. Zum Beispiel von ihrer äußeren Form her.

Am besten, Sie suchen und zeichnen Ihre eigenen Bilder. An die können Sie sich später am leichtesten erinnern. Prägen Sie sich die Paare (Zahl und Bild) gut ein.

Jetzt kann es losgehen. Sie verknüpfen die Zahlen, die Sie sich merken wollen, mit den Bildern. Zum Beispiel so:

Markus beschäftigt sich mit dem Strafrecht.

»§ 211 Strafgesetzbuch: Mord. Das merke ich mir so: Ein Schwan (2) wird mit zwei Stöcken (1, 1) heimtückisch erschlagen. Das ist eiskalter Mord.«

Reim-Technik

Leicht prägt der Reim
sich ein.
Zum Beweise
eine Reise
in Schülertage.
Erste Frage:

»Bei Issos Keilerei?
Na logisch: 3-3-3!«
Und hinterher,
weil auch nicht schwer:
»7-5-3?
Rom kroch aus dem Ei!«
Das war
klar.

Auch den aus Chemie
vergaßen Sie nie:
»Erst das Wasser, dann die Säure,
sonst geschieht das Ungeheure.«

Aus dem schönen Bayernland
gibt's allerhand
über Flüsse in Reimen,
zum Beispiel den einen:
»Iller, Isar, Lech und Inn
fließen links zur Donau hin.
Altmühl, Naab und Regen
fließen ihr entgegen.«
Unter den Reimen ein Muss,
die Romanze zum Fluss:

»Wo Fulda sich und Werra küssen,
sie ihren Namen büßen müssen.
Und es entsteht aus diesem Kuss
der echte, deutsche Weserfluss.«

Genug Geographie
Wie lernten Sie
Orthographie?
Wer sich besinnt,
kennt den bestimmt:
»Wer nämlich
mit h schreibt, ist dämlich.«
Und auch Trennen war im
Deutschen stets schlimm.
Doch mit dem
ging es bequem:
»Trenne nie s–t,
denn es tut ihm weh.«
Nur schade, dass der,
fällt es auch schwer,
nicht mehr stimmt,
denn längst sind
ein paar Regeln genommen,
neue gekommen.
Und was früher galt,
ist jetzt halt
alt.

Doch des Reims Phänomen
zeigt er sehr schön:
Einmal gesessen –
nicht mehr vergessen!

Die Reim-Technik ist eine sehr effektive Methode, sich wichtige Dinge zu merken. Dies zeigen die »Klassiker« unter den Merkreimen. Obwohl nur wenige Menschen wissen, dass Issos in Kleinasien lag und in dieser Schlacht Alexander der Große gegen die Perser kämpfte, können die meisten noch im Schlaf Jahr und Ort dieses Kampfes benennen. Der einfache Reim hat eine so starke Kraft, dass auch ohne Wissen um genauere Zusammenhänge die beiden Informationen langfristig gespeichert werden. Rhythmus, Klang und passende Endsilben unterstützen den Merkprozess. Diese Qualität der Reim-Technik hat jedoch ihren Preis: Die Entwicklung solcher Reime erfordert Mühe und Geschick.

Ein Beispiel:

Monika beschäftigt sich in der ersten Woche ihrer Ausbildung zur Augenoptikerin mit konvexen und konkaven Linsen. Wann eine Linse konvex und wann sie konkav ist, will sie mühelos unterscheiden können. Konvex: nach außen gewölbt; konkav: nach innen gewölbt. Weil sie die beiden Formen und Fachbegriffe immer wieder durcheinander bringt, beschließt sie, eine Lernbrücke zu bauen.

Monika sucht zunächst nach Assoziationen rund um die Formen »konvex« und »konkav«.

- Konvex: rund wie ein dicker Bauch, satt, vollgefressen, prall
- Konkav: schmal, mager, nach innen gewölbt

Im nächsten Schritt sucht sie nach möglichen Reimen zu den beiden Worten.

- Konvex: Ex, Flex, perplex, Sex, Rex
- Konkav: Schaf, Schlaf, brav, traf

Woraus lässt sich nun ein Reim machen? Monika bastelt an der Idee des dicken Bauches herum und kommt schließlich auf folgenden Reim: »Konvex – wie der Bauch vom Rex!«

Bei der Entwicklung von Reimen hat der zweite Arbeitsschritt – das Assoziieren – eine besonders wichtige Bedeutung. Hier sollen möglichst viele Gedanken rund um das Lernmaterial gesammelt werden. Denn hier ist es genauso wie bei den bisherigen Assoziationsschritten: Je größer die Auswahl an Ideen, desto größer die Chance, zu einem der Einfälle einen passenden Reim zu finden.

Wer Hilfe beim Reimen sucht, findet im Reimlexikon viele Anregungen. Es bietet zu allen möglichen Endsilben passende Reime. Zum Beispiel:

–eimen	*–ernen*
keimen	*entfernen*
leimen	*entkernen*
reimen	*lernen*
verschleimen	*verlernen*
die Geheimen	*die Modernen*
den Kleinen	*den Sternen*

Zum Reimen muss man nicht Goethe sein ...

6.8 Sechs Merktipps

1 Es darf auch Spaß machen!

Viele Lernende (und Lehrende!) sind der Überzeugung, Lernen sei eine ernste Sache. Mit strenger Miene und Disziplin geht es da ans Werk. Wer beim Lernen blödelt, kommt zu nichts.

Die Erfahrung mit den Lernbrücken lehrt jedoch anderes: Gerade die Themen, zu denen lustige, ungewöhnliche Lernbrücken entwickelt werden, prägen sich in der Regel am besten ein. Das hat auch seinen guten Grund: Bei allen Lernprozessen ist im Gehirn das limbische System beteiligt. Es färbt alle Vorgänge mit Gefühlen ein. Wer sich beim Lernen vergnügt, fühlt sich gut und wohl. Und das gefällt Ihrem Gehirn. Also: Auch – oder vielmehr besonders – beim Lernen darf gelacht werden. Erfreuen Sie sich an Ihren Lernbrücken!

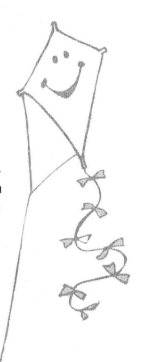

2 Es sind *Ihre* Lernbrücken

Kerstin berichtet:

»*Endlich hatte ich eine richtig gute Lernbrücke, um mir in BWL die vier Faktoren am »Magischen Viereck« merken zu können. Sie lauten:*

- *Hohe Beschäftigung*
- *Preisstabilität*
- *Angemessenes Wachstum*
- *Außenwirtschaftliches Gleichgewicht*

Und so habe ich mir das gemerkt:

Ich stelle mir die »Magic Company« vor: Wenn ich in Gedanken dieses Unternehmen betrete, nimmt dort keiner Notiz von mir. Alle sind vollkommen mit der Arbeit beschäftigt (hohe Beschäftigung). Ich schaue in den hohen Räumen nach oben und sehe, wie die Leute riesige Mobiles voll mit Euromünzen im Gleichgewicht halten. Keine Münze soll herunterfallen (Preisstabilität). Unten am Boden wachsen wie in einer Großgärtnerei schöne Pflanzen. Sie werden sehr individuell und vorsichtig gegossen, schließlich sollen sie optimal wachsen (angemessenes Wachstum). Und an den Türen nach draußen sitzen Mitarbeiter zusammen mit Menschen ganz unterschiedlicher Hautfarben auf großen Wippen. Auf den Wippen bemühen sie sich, im Gleichgewicht zu bleiben (außenwirtschaftliches Gleichgewicht).

Als ich meinen Kommilitonen dieses Bild vorstellte, lachten die verständnislos und meinten: »So könnte ich mir das nie merken!«, »Das ist ja vollkommen eigenartig, wie du das lernst!«

Kerstins Kommilitonen haben Recht. Ihr Weg ist »eigenartig«, denn es ist allein ihrer. Ihre Lernbrücke verbindet den neuen Lernstoff mit ihrem individuellen Wissen und ihren ureigenen Erfahrungen und ist damit vorwiegend *für sie* nachvollziehbar und einleuchtend. Wundern Sie sich nicht, wenn andere mit Ihren Lernbrücken nichts anfangen können. Bei diesen Techniken kann es auch gar nicht darum gehen, andere überzeugen zu wollen.

Daher ist ihr Einsatz beim Unterricht nur begrenzt möglich. Sie können nur als Angebot des Lehrers an die Lernenden verstanden werden: »So konnte ich mir das gut merken. Hilft euch das auch?«

3 Nicht zu kompliziert

»Die wichtigsten Neurotransmitter? Ja, äh? Wie hatte ich mir das noch mal gemerkt? Ich hatte doch eine Geschichte, die in Indien spielte. Zwei indische Händler, die Namen waren wichtig, aber jetzt weiß ich gar nicht mehr, wie die hießen. Auf jeden Fall verkauften sie mehrsilbige Gegenstände. Lauter Wörter, die mit Buchstaben aus dem Anfang des Alphabets begannen. Und irgendwie hatte das mit der politischen Situation zu tun, mit dem Kastenwesen. Da gab es auch einen Reim. Aber wie hießen die Neurotransmitter?«

Wer mit Lernbrücken arbeitet, geht bewusst Umwege, um sich neue Informationen einzuprägen. Nur: Die Umwege dürfen nicht zu lang und zu verschlungen werden. Sonst geht das eigentliche Ziel verloren. Wichtige Regel: Die besten Lernbrücken zeichnen sich durch Einfachheit aus.

4 Kein Allheilmittel

»Aber da werde ich ja nie fertig, wenn ich mir für alle 25 Vokabeln erst mal eine Lernbrücke baue!«

Richtig! Lernbrücken sind kein Pflichtprogramm, das akribisch bei allen Lernvorgängen eingesetzt werden soll. So gebraucht würden die Merktechniken schnell ihre Wirkung verlieren: Das Ganze würde zeitraubend und umständlich, die Lust am Assoziieren und Brückenbauen ginge verloren. Vor allem aber würden sich irgendwann Geschichten und Lernwege anfangen zu überlagern.

Die beste Wirkung zeigen Lernbrücken bei einzelnen »harten Nüssen«. Zum Beispiel:

- »Nie kann ich mir merken, wo das Bundesverwaltungsgericht seinen Sitz hat.«

- »Wie kriege ich endlich in den Kopf, dass Hermes der griechische Götterbote und Schutzgott der Kaufleute und Reisenden war?«

5 Der Mix macht's

Stabile Lernbrücken entstehen besonders dann, wenn die Stärken verschiedener Techniken kombiniert werden. Je mehr Merkprinzipien miteinander verbunden werden, desto wirksamer werden die Lernbrücken. So können beispielsweise die Foto-, Geschichten- und Biographien-Technik leicht in einer einzigen Brücke gemeinsam angewendet werden.

6 Übung macht den Meister

Für viele Lernende ist der gezielte Einsatz von Merktechniken zunächst ungewohnt. Die Lernbrücken werden als umständlich, zeitraubend und zuweilen auch als unwirksam erlebt. Manche Lernende glauben, nicht kreativ genug für diese Lernformen zu sein. Hier hilft es oft, nicht alleine zu beginnen, sondern die ersten Lernbrücken an einem beschwingten Abend mit anderen zu basteln.

In den Lerntrainings machen wir immer wieder die Erfahrung, dass nach einigen Durchläufen trotz anfänglicher Schwierigkeiten und Widerständen sehr kreative, oft lustige Lernbrücken gebaut und entsprechende Erfolge beim Behalten erzielt werden. Probieren Sie es einfach selbst und geben Sie nicht zu früh auf! Die folgende Gelegenheit sollten Sie beim Schopf ergreifen:

6.9 Übung: Woher kommen Ihre Geldscheine?

Bereits seit Januar 2002 nutzen Sie die neuen Eurogeldscheine. In der ersten Runde kamen Noten aus elf Ländern (Luxemburg nutzt die Scheine der anderen Staaten) in Umlauf. Mit jeder Urlaubssaison kommen sie vermehrt über die Landesgrenzen. Aber wissen Sie, aus welchem Land die Scheine in Ihrem Geldbeutel kommen?

Wenn nicht, haben Sie nun die Gelegenheit, das herauszufinden und die Merktechniken auszuprobieren.

Schauen Sie auf Ihren Geldscheinen nach. Auf der Rückseite, auf der Brücken aus sieben charakteristischen Epochen der europäischen Kulturgeschichte dargestellt sind, finden Sie einen Zahlencode. Zum Beispiel X 06168200159. Der Buchstabe zu Beginn verrät die Herkunft des Scheins.

Schritt 1: Auswählen

In der Karte sehen Sie die elf Staaten mit ihren jeweiligen Buchstaben. Wählen Sie ein paar aus, z.B. drei:

L	Finnland
M	Portugal
N	Österreich
P	Niederlande
S	Italien
T	Irland
U	Frankreich
V	Spanien
X	Deutschland
Y	Griechenland
Z	Belgien

Herkunft der Euroscheine.

Hier können Sie Ihre Assoziationen eintragen.

Damit Sie künftig wissen, welche »Währung« Sie in Empfang nehmen oder ausgeben, können Sie sich jetzt Lernbrücken zwischen Buchstaben und Land bauen:

Schritt 2: Assoziieren

Lassen Sie Ihren Gedanken freien Lauf. Die Begriffe, die Sie sich jetzt einfallen lassen, sollten mit dem Buchstaben beginnen, der als Code auf den Euroscheinen steht. Was fällt Ihnen zu dem jeweiligen Land ein? Denken Sie an Bevölkerung, Größe, Form und Topographie des Landes, an die Geschichte, die politische Situation des Staates, an eigene Erlebnisse oder Menschen, die sie dort kennen. Wichtig: In diesem Schritt muss noch nicht die ideale Brücke entstehen. Sammeln Sie möglichst breit. Notieren Sie in der Karte auf Seite 101 alle Ihre Ideen rund um dieses Land.

Als Beispiel finden Sie erste Assoziationen von Seminarteilnehmern zu den Niederlanden und Portugal:

P Niederlande
- **P**flanzen in Gewächshäusern
- **P**older

M Portugal
- **M**agellan
- **M**adeira
- **m**agere Landesform
- **m**arginale Lage am Rande Spaniens

Schritt 3: Brücke bauen

Blicken Sie nun auf Ihre Sammlung. Aus welchen Assoziationen lassen sich besonders einprägsame Brücken bauen? Nutzen Sie die verschiedenen Lerntechniken, besonders natürlich diejenigen, die Ihnen beim Durcharbeiten des Kapitels am besten gefallen haben.

Hier finden Sie beispielhafte Brücken:

L Finnland

Die Finnen waren die Gewinner von PISA 2001. Sie leben im **L**eicht-**L**ern-**L**and.

M Portugal

M wie **M**agellan, der Portugiese.

N Österreich

N wie **N**ockerln: Die gibt's in Wien, und die san lecker!

P Niederlande

P wie **P**flanzen: In den Niederlanden werden in riesigen Gewächshäusern massenweise Tulpen, Gurken usw. gezüchtet.

S Italien

S wie **S**tiefel, **S**ommer, **S**onne, **S**trand, **S**paghetti ...

T Irland

Trist, **t**raurig und **t**rostlos kann es da in den langen Wintern werden.

U Frankreich

U wie T**ou**r de France: Ich habe ein langes »**Uh**« im Ohr.

V Spanien

V wie **V**alencia: Da war ich schon!

X Deutschland

Satz mit **X** – war wohl ni**x** – Deutsche essen Maggi Fi**x**.

Y Griechenland

Die alten Griechen haben tolle Statuen gebaut. Ich sehe die jungen Götter stolz wie ein **Y** posieren.

Z Belgien

Z wie **Z**entrum Europas: Von Brüssel aus wird Europa regiert.

... kräftig zubeißen

Lernen kostet Kraft. Wussten Sie, dass Ihr Gehirn etwa 20 % von der Energie verbraucht, die Sie Ihrem Körper zuführen? Und das, obwohl es nur ungefähr 1,4 kg wiegt und im Schnitt 2 % des Körpergewichts ausmacht.

Als Denkende sitzen Sie scheinbar untätig vor Ihren Büchern. Doch gerade bei herausfordernder Kopfarbeit sollten Sie Ihr Gehirn gut versorgen, denn es schluckt jeden fünften Bissen, den Sie zu sich nehmen.

Tipp: Essen Sie sich klug

Damit das Denken leicht fällt, muss immer genug Denk-Energie in Form von Glukose im Blut vorhanden sein. Essen Sie Brot mit hohem Vollkornanteil, Müsli und Obst. Die liefern nachhaltig Glukose, also Gehirnenergie für lange Lerntage.

Verzichten Sie dagegen auf fettreiche und kohlenhydratarme Nahrungszufuhr. Ein Schokoriegel zum Beispiel bewirkt schon nach 20 Minuten einen starken Leistungsabfall.

7 Das Lernspiel fest im Griff
Erfolgreiche Lernorganisation

7.1 Wozu ein Coach?

7.2 Das Tor oder: Wie sieht Ihr Lernziel aus?

7.3 Viele Bälle im Spiel oder: Was mache ich zuerst?

7.4 Warm-up oder: Was ist vor dem Lernen zu tun?

7.5 Trainingszeiten oder: Wann ist die beste Lernzeit?

7.6 Beim nächsten Spiel wird alles anders oder: Was wird aus den guten Vorsätzen?

7.1 Wozu ein Coach?

Spitzensportler – wie zum Beispiel die Spieler der Fußball-Nationalelf – haben außer einem Trainer auch noch einen Coach. In der Fernsehübertragung sieht man ihn meist nur angestrengt auf der Bank sitzen. Klar, dass er im Alltag mehr tut. Im Hintergrund hält er die Fäden in der Hand. Er vereinbart Termine, setzt Ziele, kitzelt Stärken heraus und motiviert. Er sorgt dafür, dass sich das Team voll auf guten Fußball konzentrieren kann.

Auch wer erfolgreich lernen will, hat eine Menge zu organisieren und zu entscheiden. Vor allem beim Studieren liegt es häufig allein in der Hand der Studenten, den Weg zum Ziel zu finden. Auch in diesem Fall wäre ein Coach gut. Einer, der Vorschläge macht, Entscheidungen trifft und immer wieder motivierend anfeuert. Leider haben die wenigsten einen solchen Coach an ihrer Seite und übernehmen diese Aufgaben selbst. Im folgenden Kapitel finden Sie Hilfestellungen für Ihren Job als Lerncoach.

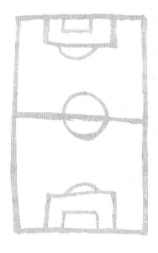

7.2 Das Tor oder: Wie sieht Ihr Lernziel aus?

»TOR, TOR, TOR!« Wenn beim Fußball der Ball ins Netz fällt, ist klar: Ein Zwischenziel ist erreicht. Aber wie ist das beim Lernen? Wann werden dabei Ziele erreicht und bejubelt?

Den Treffern ins Tor entsprechen beim Lernen die »Aha-Erlebnisse«, zum Beispiel wenn Sie merken: »Jetzt habe ich die Sache mit der Sinuskurve kapiert, uff!« Manche Lernerfolge werden auch äußerlich sichtbar. Sie können Goethes »Zauberlehrling« ohne Stocken frei vortragen. Sie atmen auf, Sie haben etwas geschafft und können sich nun einer neuen Sache oder dem wohl verdienten Feierabend widmen.

Häufig aber lässt sich beim Lernen der Erfolg leider nicht so klar messen. Lernen ist ein fließender Prozess, der viel Zeit braucht. Neues wird dazugelernt; anderes wieder vergessen. Julius berichtet:

»Seit Wochen lerne ich für die Diplomprüfungen. Jeden Tag. Ich wurstel vor mich hin und habe oft das Gefühl, überhaupt nicht voranzukommen. Manchmal denke ich, dass ich gar nichts erreicht habe. Ich sehe einfach kein Ergebnis. Das ist absolut frustrierend.«

Julius fehlen die motivierenden Erfolgserlebnisse, die jeder braucht: zur Erfolgskontrolle, aber auch zum Schöpfen neuer Energie. Bei weit entfernten Lernzielen kann man auf der langen Strecke schon mal das Ziel aus den Augen und die Motivation zum Weitermachen verlieren.

Damit Sie auch schon zwischendurch – und nicht erst am Ende eines langen »Lernspiels« – Tore schießen können, lohnt es sich also unbedingt, Lernziele zu formulieren. Wie ein Coach richtet die folgende Tabelle Fragen an Sie. Wählen Sie ein konkretes Etappenziel aus, das Sie zurzeit verfolgen oder verfolgen wollen. Die scheinbar einfachen Fragen können große Wirkung haben. Mit jeder Antwort wird Ihr Ziel konkreter. Zu den Fragen finden Sie auf den folgenden Seiten weitere Erläuterungen, die Sie bei der Beantwortung unterstützen.

Lernziele setzen – Tore schießen

Das Tor:

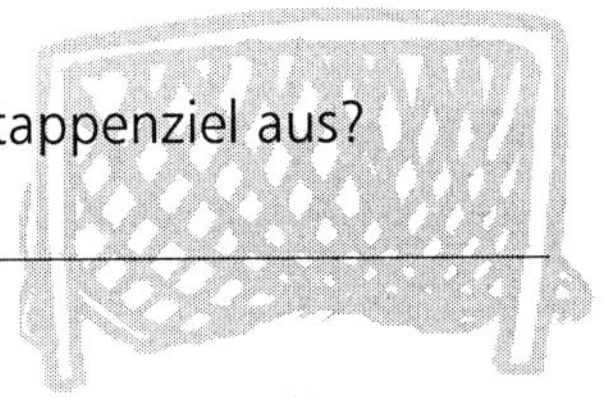

Wie sieht Ihr Etappenziel aus?

_____

_____

Die richtige Liga:

Ist dieses Ziel erreichbar?

Kopf: Bauch:

☐ Ja   ☐ Ja

☐ Weiß nicht   ☐ Weiß nicht

☐ Nein   ☐ Nein

Die Spielminute:

Wann wollen Sie treffen?

am _____

um _____

Das Spiel:

Wie sehen die Lernschritte aus?

_____

_____

_____

Abwehr:

Wer oder was könnte im Weg stehen?

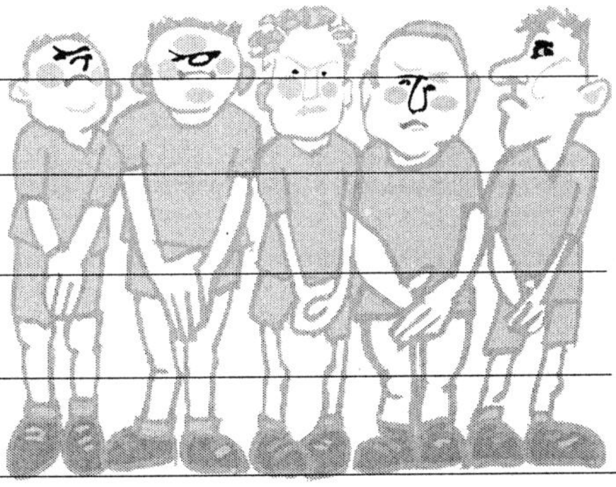

_____

_____

_____

TOR!

Herzlichen Glückwunsch!

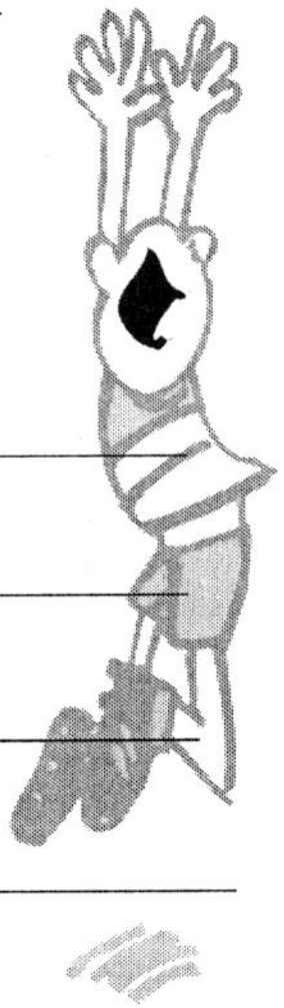

_____

_____

Das Tor: Wie sieht Ihr Etappenziel aus?

Ralf nimmt sich vor, bis zum Monatsende möglichst viel über das menschliche Gehirn zu lernen. Ein schönes Ziel, aber was ist »möglichst viel«? Was genau will er bis dahin tun oder können? Will er es nur gelesen oder auch verstanden haben? Oder sogar auswendig wissen?

Wer treffen will, muss das Tor klar sehen. Antworten Sie genau:

- Was wollen Sie am Ende wissen, können, verstehen?
- Was gehört dazu, was gehört nicht dazu?

Wir ermuntern Sie, Ihre Etappenziele – und seien sie noch so klein – in ein paar Sätzen aufzuschreiben. Viele Lernende scheuen diesen Aufwand zunächst. Aber: Je klarer Sie Ihre Ziele jetzt fassen, desto häufiger werden die Bälle im Tor landen!

Die richtige Liga: Ist dieses Ziel erreichbar?

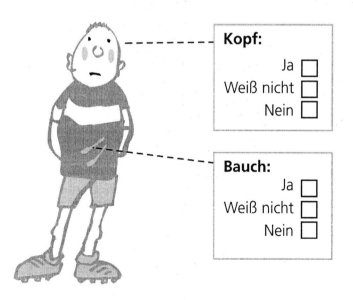

Sicher wissen Sie, wie es sich anfühlt, wenn man sich zu viel vorgenommen hat und sein Ziel nicht erreicht. In der falschen Liga zu spielen führt häufig zu Enttäuschungen. Bei der Wahl Ihrer Lernliga helfen Ihnen Ihr Kopf und Ihr Bauch. Fragen Sie die beiden einfach! Schauen Sie sich zunächst Ihr Ziel genau an und fragen Sie dann Ihren Kopf. »Ist dieses Ziel für mich prinzipiell überhaupt erreichbar?«, »Habe ich die Bedingungen so gewählt, dass ich das Ziel gut erreichen kann?«, »Verfüge ich über geeignete Techniken, um das Ziel zu erreichen?«

Was antwortet Ihr Kopf?

☐ Ja   ☐ Weiß nicht   ☐ Nein

Und jetzt der Bauch – fragen Sie ihn:

»Werde ich es packen?«, »Passt das Ziel eigentlich zu mir, zum Tag, zu meiner Stimmung?«

Was sagt Ihr Bauch?

☐ Ja   ☐ Weiß nicht   ☐ Nein

Schön wäre natürlich, wenn Kopf und Bauch mit einem klaren »Ja« geantwortet hätten. Hat jedoch der eine oder andere Zweifel angemeldet, haben Sie jetzt die Chance, Ihr Ziel zu verändern. So lange, bis Kopf und Bauch wirklich zufrieden und zuversichtlich sind.

Die Spielminute: Wann wollen Sie treffen?

»Ich nehme mir mal vor, demnächst das Buch über Hinduismus zu lesen«, erzählt Roland beim Mittagessen. Er klingt begeistert, doch ob er es wirklich tut? Viel klarer wäre: »Bis nächsten Donnerstag lese ich das Buch über Hinduismus und nachher fange ich gleich damit an.«

Viele Ziele werden deshalb nicht erreicht, weil kein Zeitpunkt festgelegt wurde. Der aber ist wichtig. Setzen Sie sich daher eine klare Frist: Wann wollen Sie ins Tor treffen? Ansonsten droht die Gefahr, dass die nötigen Arbeiten auf den St. Nimmerleinstag verschoben werden.

Das Spiel: Wie sehen die Lernschritte aus?

Bevor es losgeht, lohnt es sich, die wichtigsten Schritte zu benennen. Was ist zu tun? Denken Sie an organisatorische Vorarbeiten, einzelne Lernschritte wie Lesen, Zusammenfassen, Wiederholen.

Bei dieser Sammlung werden Sie möglicherweise feststellen, dass viele einzelne Schritte gegangen werden müssen. Möglicherweise erkennen Sie, dass Sie sich mit Ihrem Ziel zu viel vorgenommen haben. Jetzt haben Sie die Chance, es zu korrigieren.

Abwehr: Wer oder was könnte im Weg stehen?

So wie sich das Fußballteam vor Spielbeginn überlegt, wie die gegnerische Mannschaft voraussichtlich ihre Abwehr aufbauen wird, können Sie bereits vor dem Anpfiff darüber nachdenken, wer oder was Ihnen bei Ihrem Torschuss im Weg sein könnte. Identifizieren Sie mögliche Stolpersteine. Zum Beispiel:

- Sie haben eigentlich zu wenig Zeit.
- Sie haben keine Lust.
- Sie sind innerlich mit etwas anderem stark beschäftigt.
- Ihnen fehlt noch wichtiges Material.
- Sie haben Sorge, dass Sie Texte, Aufgaben, Fragen nicht verstehen.

Wenn Sie im Vorfeld schon einmal auf mögliche Schwierigkeiten geblickt haben, können Sie diesen später bewusster begegnen. Sophie erzählt:

»Früher habe ich oft meine Lernziele nicht erreicht, weil ich beim Lernen für eine Prüfung feststellen musste, dass mir wichtige Unterlagen fehlten: Mitschriften, Aufgabenstellungen und so. Manchmal war es ziemlich aufwändig, die so schnell noch zu beschaffen, oder ich konnte sie gar nicht mehr auftreiben. Seitdem ich mir lange vorher überlege, worüber ich stolpern könnte, passiert das seltener.«

TOR! Herzlichen Glückwunsch!

Sie haben Ihr Ziel erreicht. Vergessen Sie nicht: Freuen Sie sich über Ihr Tor. Sie wissen, wie ausgelassen Fußballer und Publikum feiern.

Viele Lernende arbeiten laufend auf Etappensiege hin. Mit Disziplin und voller Energie wird geackert, und auf den Spielsieg hin gelebt. Wenn aber der Ball im Tor gelandet ist, dann kommt oft zu schnell das nächste Projekt, ohne dass sie den Treffer genossen und gefeiert haben. Feiern gehört zum Arbeiten und ist eine eigene Kunst. Wer langfristig mit Freude, hoher Motivation und Leistungsbereitschaft lernen und arbeiten will, der sollte seine kleinen und großen Erfolge unbedingt gebührend begehen.

Hier zwei Ideen, wie Lerntore gewürdigt werden können:

Ansgars Erledigt-Stempel:

»Für ganz harte Zeiten habe ich mir einen Erledigt-Stempel gekauft. In meinem Notizbuch führe ich normalerweise Listen mit all den Aufgaben, die ich bewältigen muss. Immer, wenn ich an einem gewünschten Ziel ankomme, drücke ich genüsslich den Stempel dahinter. Und wenn ich dann sehe, wie viel ich im Laufe einer Woche erledigt habe, bin ich stolz und erleichtert!«

Miriams Spaßmacher-Programm

»Über meinem Schreibtisch hängt mein Spaßmacher-Plakat. Darauf stehen lauter schöne Dinge, die mir Freude machen: schwimmen gehen, Harry Potter lesen, mein kulinarisches Quartett mit Freunden und so weiter. Wenn ich ein Ziel erreicht habe, dann schaue ich darauf und suche mir was Schönes aus. Das ist immer eine tolle Belohnung, und hinterher habe ich wieder Lust und Energie für den nächsten Schritt.«

Und Sie? Wie feiern Sie Ihre Treffer?

7.3 Viele Bälle im Spiel oder: Was mache ich zuerst?

Benjamin berichtet in einem Lerntraining:

»Das mit den Zielen leuchtet ein. Aber ich habe meistens gleichzeitig ganz viele davon. Ich studiere Maschinenbau und lerne praktisch immer auf viele parallele Ziele hin: Physik für die Prüfung, Konstruktion im Seminar, und für die nächste Hausarbeit sollte ich schon längst Infos sammeln. Eine Prüfung jagt oft die andere, und ich weiß manchmal gar nicht mehr, wo ich anfangen soll. Dann gibt's da noch den Nebenjob zum Geldverdienen, nicht zu reden vom Abwasch in der Wohnung, dem kaputten Fahrrad. Und meine Freundin meint sowieso immer, ich hätte viel zu wenig Zeit für sie.«

Wieder eine Herausforderung an den geduldigen Coach. Viele Bälle sind im Spiel – doch mit welchem beginnen? Stephen Covey stellt in seinem Buch *Sieben Wege zur Effektivität* ein Modell vor, das hilft, unter mehreren Bällen den aktuellen »Spielball« zu finden:

Zuerst werden alle anstehenden Aufgaben zusammengetragen. Gesammelt werden sowohl **Lernaufgaben** (bei Benjamin die Vorbereitung auf die Physikprüfung, die Infosammlung für die Hausarbeit usw.) als auch alle anderen aktuell anstehenden **Aufgaben des Lebens**: alle Tätigkeiten, die in Alltag, Familie, Freizeit oder Beruf anfallen (bei Benjamin die Freundin, der Nebenjob und der Abwasch). Gerade diese Aufgaben, die zunächst gar nichts mit dem Lernen zu tun haben, bringen die Planung und Erledigung der Lernaufgaben oft in Gefahr: »Bevor ich Physik mache, muss ich erst mal putzen und Tina anrufen.«

Sammeln Sie einmal: Welche Lernaufgaben und welche Aufgaben des Lebens stehen bei Ihnen an? Entscheiden Sie sich für einen Zeitraum:

☐ Heute? ☐ Noch diese Woche? ☐ Noch diesen Monat?

Tragen Sie auf einem separaten Blatt alles in einer Liste oder einem Mind-Map zusammen.

Wahrscheinlich haben Sie eine ganze Menge aufgeschrieben. Um nun herauszufinden, welche Aufgaben als Erstes erledigt werden sollen, wird nach zwei Dimensionen sortiert: Nach Wichtigkeit und Dringlichkeit.

Bei der Frage der **Wichtigkeit** geht es darum, wie entscheidend die Erledigung der jeweiligen Aufgabe zu Ihrem Erfolg beiträgt. Wie wichtig ist es für Benjamin, die Übungsaufgaben in Physik zur Klausurvorbereitung zu bearbeiten?

Auf der Achse der **Dringlichkeit** stellt sich die Frage, wie sehr die Bearbeitung der Aufgabe zeitlich eilt. Wie dringend ist es, die Physikaufgaben zu lösen?

In Coveys Modell entstehen vier Felder:

	Dringend	Nicht dringend
Wichtig	Quadrant der **Notwendigkeit**	Quadrant der **Qualität**
Nicht wichtig	Quadrant der **Täuschung**	Quadrant der **Verschwendung**

Entscheiden Sie, bevor Sie umblättern. Welches Feld hat Ihrer Meinung nach die größte Bedeutung?

☐ Quadrant der Notwendigkeit   ☐ Quadrant der Qualität

☐ Quadrant der Täuschung   ☐ Quadrant der Verschwendung

Zu welchem Schluss sind Sie gekommen? Je nach Sichtweise fällt die Antwort anders aus:

Katja sieht die größte Bedeutung im **Quadranten der Notwendigkeit:**

»Für mich ist dieser ganz klar der mit der höchsten Bedeutung. Hier habe ich keine Wahl. Der Englischtest steht morgen an. Heute muss ich lernen. Das ist am dringendsten und am wichtigsten.«

Für den **Quadranten der Qualität** hat sich Johannes entschieden:

»Wenn ich frühzeitig mit der Vorbereitung beginne, solange die Aufgaben noch nicht dringend sind, dann komme ich erst gar nicht in die linke Spalte, in der alles drängt und knapp wird. Eigentlich sollte ich beim Lernen versuchen, mich so viel wie möglich rechts aufzuhalten, wo die Sache noch nicht dringend ist.«

Anja plädiert für die **Quadranten der Täuschung und Verschwendung:**

»Ich finde, dass die beiden unteren Quadranten die höchste Bedeutung haben: Täuschung und Verschwendung. Denn wenn ich schon mal herausgefunden habe, wo ich Energie unnötig verbrauche, dann kann ich davon ausgehen, dass ich nicht auf das falsche Pferd setze. Zum Beispiel, weil ich eben nicht die falschen Bücher lese.«

Thema: Lernen

	Dringend	Nicht dringend
Wichtig	**Quadrant der Notwendigkeit** Beispiele: Lernen unter Zeitdruck, Schriftliche Arbeiten kurz vor Abgabeschluss anpacken	**Quadrant der Qualität** Beispiele: Lernen ohne Zeitdruck, Lernziele setzen, Vorbereiten, Wiederholen, Erholung
Nicht wichtig	**Quadrant der Täuschung** Beispiele: Erledigen von Dingen, für die man leicht einen Aufschub bekommen kann, drittrangige E-Mails schreiben und beantworten	**Quadrant der Verschwendung** Beispiele: Fluchtaktivitäten wie Putzen, Klöntelefonate außerhalb der Erholungszeiten, Verlieren in Details des Lernstoffs.

Wie können Sie das Modell nutzen? Zu Beginn eines Lerntages verteilen Sie die gesammelten Tagesaufgaben auf die vier Felder. So erhalten Sie Klarheit über die nächsten Schritte. Ziel ist, möglichst häufig im Quadranten der Qualität aktiv zu sein. Dort sind Sie frei von zeitlichem Druck, so dass Ihr Gehirn ausreichend Zeit und Freiheit hat, neuen Lernstoff zu verarbeiten.

Katrin hat eine besondere Variante von Coveys Modell entwickelt.

»Ich habe mir eine größere Tabelle gebastelt. Da wird die Sache noch übersichtlicher. An der Wand über dem Schreibtisch habe ich vier große Blätter aufgehängt, für jeden Quadranten eines. Darauf sammle ich dann mit kleinen, gelben »Post-it«-Zetteln alle Jobs. Die Zettel klebe ich dann jeden Tag um. Denn so, wie manche Sachen plötzlich wichtig oder dringend werden, z.B. Erholung oder ein Anruf, so muss man auch mitkriegen, wie andere auf einmal ihre Bedeutung verlieren. Und nicht zu vergessen: das fünfte, größte Blatt, das ich extra bunt geschmückt habe. Hier klebe ich alle erledigten Zettel an und freue mich, wenn es immer mehr werden!«

Wie verteilen sich Ihre Aufgaben? Ordnen Sie die vorhin gesammelten Aufgaben den vier Quadranten zu und probieren Sie im Alltag aus, wie Sie diese Vierteilung nutzen können.

	Dringend	Nicht dringend
Wichtig	Quadrant der Notwendigkeit	Quadrant der Qualität
Nicht wichtig	Quadrant der Täuschung	Quadrant der Verschwendung

7.4 Warm-up oder: Was ist vor dem Lernen zu tun?

Vor dem Anpfiff auf dem Fußballplatz wurden im Hintergrund eine Menge Vorbereitungen getroffen. Das Spielfeld wurde markiert, mehrere Bälle überprüft und bereitgelegt. Im Trainingsraum haben sich die Sportler mental auf das Spiel eingestimmt. Wie ist das beim Lernen? Ebenso wie die Sportler können Sie in Ihrer Lernumgebung und in Ihrem Kopf vor der Lernarbeit gute Startbedingungen schaffen.

Mise en place

Haben Sie diesen französischen Begriff schon einmal gehört? Was dahinter steckt, können Sie in Kochsendungen erfahren. Bevor der Meisterkoch loslegt, bereitet er Pfannen und Töpfe vor. Alle Zutaten werden gewaschen, geschnitten und portioniert. Die meisten Sendungen beginnen erst jetzt. Das Kochen ist so ganz einfach, alles liegt bereit. Es gibt keinen Grund für Unterbrechungen und Hektik. Während die Suppe kocht, muss der Koch nicht in den Garten laufen, um Petersilie zu holen und sie dann waschen und zerkleinern. Die Vorbereitungen für das Kochen sind ein eigener, wichtiger Arbeitsschritt, und auch beim Lernen sollten sie einer sein.

Überlegen Sie vor dem eigentlichen Lernstart:

»Was brauche ich?«

»Welche Umgebung passt zu dieser Aufgabe?«

»Wie kann ich mich auf die Lernzeit einstimmen?«

Nehmen Sie sich Zeit, die nötigen Vorbereitungen zu treffen. Wenn dann um Sie herum alles sitzt, können Sie konzentriert beginnen, und für die nächste Zeit ungestört bei Ihrem Lernthema bleiben.

Ihre Lernumgebung

»Wie sieht Ihre ideale Lernumgebung aus?« Diese Frage wird von den Teilnehmern der Lerntrainings meist sehr unterschiedlich beantwortet. Zum Beispiel:

»Ich brauche absolute Stille.«

»Am liebsten lerne ich im Bett.«

»Richtig lernen kann ich nur in der Bibliothek.«

Manchmal entstehen lebhafte Diskussionen. Eines wird jedoch schnell klar: Wie über Geschmäcker lässt sich auch nur bedingt über ideale Lernbedingungen streiten. Jeder muss selbst für sich herausfinden, was ihm beim Lernen angenehm ist. Die drei folgenden Beispiele zeigen, wie eigenwillig hierin einige Denkergrößen waren:

- Goethe brauchte beim Denken viel Bewegung. Er erklärte: »Sitzend bin ich zu nichts aufgelegt.«

- Hemingway spitzte rituell 20 Bleistifte, bevor er mit dem Schreiben begann.

- Schiller stimulierte der Geruch fauler Äpfel. Er sammelte sie in seiner Schreibtischschublade und ließ sich von ihrem Duft inspirieren.

Wie auch immer Ihre individuell passende Lernumgebung aussieht: Wichtig ist, dass Sie herausbekommen, was Ihnen gut tut, und dass Sie diese Bedingungen so perfekt wie möglich für sich schaffen. Probieren Sie bei Ihrem nächsten Lernprojekt einfach auch neue Variationen aus. Es müssen ja nicht gleich faule Äpfel sein ...

Warm-up im Kopf:

Leider garantiert auch die bestens vorbereitete Lernumgebung nicht immer, dass Sie nach dem Anpfiff konzentriert und für eine angemessene Zeit lernen können. Ihr Geist, der sich eigentlich auf Geographie oder Grammatik besinnen sollte, beschäftigt sich vielleicht mit ganz anderen Dingen. Maren erzählt:

»Oft sitze ich am Schreibtisch und will anfangen zu lernen. Alles liegt bereit. Aber richtig loslegen kann ich nicht. Spätestens wenn ich zehn Zeilen gelesen

habe, denke ich an ganz andere Sachen: »Die Uni, Hilde, der Kinobesuch ...« Und dann verliere ich mich in den vielen Gedanken, die mir durch den Kopf gehen.«

So wie Sie Ihre äußere Umgebung für das Lernen vorbereiten, können Sie sich auch in Ihrem Inneren darauf einstimmen. Anstatt die hereinspazierenden Gedanken immer wieder mühsam und oft widerwillig wegzudrücken, können Sie sie – am besten, bevor Sie mit dem Lernen anfangen – ihre eigene Aufwartung machen lassen. Eine Idee dazu:

> Machen Sie es sich bequem. Wenn Sie wollen, können Sie die Augen schließen ... Und jetzt sind Sie ganz für Ihre eigenen Gedanken da. Schauen Sie, wer sich meldet ... Begrüßen Sie den Gedanken, geben Sie ihm Zeit, sich Ihnen vorzustellen ... Und nun verabschieden Sie sich höflich wieder: »Schön, dass du da warst, ich habe jetzt noch etwas anderes vor. Auf Wiedersehen.«

So können Sie auch mit den weiteren Gedanken verfahren, die in Ihr Bewusstsein treten, und sich schließlich ganz Ihrer Lernaufgabe widmen.

Manche Gedanken oder Bilder sind jedoch so hartnäckig, dass sie sich nicht leicht verabschieden lassen. Immer wieder dringen Sie in Ihr Bewusstsein und scheinen zu rufen: »Denk an mich!«, »Vergiss mich bloß nicht!«, »Kümmere dich um mich!«, »Guck her!«. Schwer, angesichts massiver Attacken bei Tolstoi oder Kafka zu bleiben.

Solche Gedanken und Bilder wollen nicht einfach in Vergessenheit geraten. Also gehen wir doch am besten einen Handel mit ihnen ein und sagen: »Okay, liebe Gedanken, ich habe euch vernommen. Ihr seid wirklich wichtig und landet daher auf meiner Vergissmeinnichtliste. Ihr könnt sicher sein, dass ich euch nicht vergesse. Später werde ich mich wieder gerne um euch kümmern, das heißt heute Abend, in der Lernpause, morgen früh ... Versprochen!«

Überlegen Sie einmal, während Sie dieses Buch lesen: Ging oder geht auch Ihnen ständig etwas durch den Kopf, was Sie unbedingt noch bedenken oder erledigen wollen? Schreiben Sie diese Gedanken auf einen Merkzettel. Dann können Sie wahrscheinlich beruhigt weiterlesen.

7.5 Trainingszeiten oder: Wann ist die beste Lernzeit?

Für Kai ist ganz klar:

»*Meine beste Lernzeit ist gleich früh morgens. Da bin ich meistens frisch und voller Energien. Nach zwölf, nach dem Mittagessen, wird es dann schwierig. Da fällt es mir sehr schwer, mich zu konzentrieren. Am Nachmittag kann ich noch einmal auftrumpfen. Aber nach acht Uhr abends ist bei mir in der Regel nicht mehr viel drin.*«

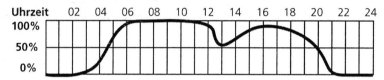

Ganz etwas anderes berichtet Regina:

»*Frühestens ab elf Uhr kann ich richtig loslegen. Davor brauche ich viel Zeit, um in die Gänge zu kommen. Je später die Stunde, desto besser. Ich arbeite gerne auch mal richtig in die Nacht hinein. Da komm ich voll auf Touren.*«

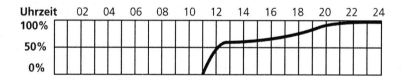

Zwei Lernende – zwei unterschiedliche Antworten auf die Frage nach der besten Lernzeit. Wie ist es bei Ihnen? Wann sind Ihre besten Stunden, in denen Ihr Körper fit für geistige Herausforderungen ist? Wann im Verlauf eines Tages sind Sie eher schlapp? Im Diagramm können Sie Ihre persönliche Leistungskurve eintragen. Vielleicht verläuft Ihre Kurve an Schul- oder Arbeitstagen anders als in den Ferien oder am Wochenende. Tragen Sie einfach mehrere Kurven ein.

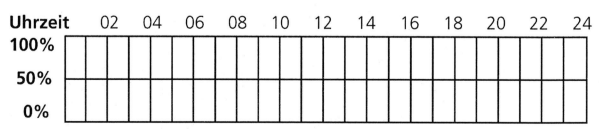

Als Ihr eigener Lerncoach lohnt es sich, Ihre Leistungskurve im Blick zu haben und bei der Arbeitsplanung zu bedenken. Natürlich lassen sich Stundenpläne und Vorlesungszeiten nicht einfach nach Ihren besonderen Bedürfnissen umlegen. Dennoch liegen viele Planungsentscheidungen in Ihrer Hand. Sie sind Ihr eigener Chef und bestimmen in hohem Maße selbst, wann Sie lesen, schreiben oder wiederholen. Erledigen Sie die weniger anspruchsvollen Aufgaben in Zeiten, in denen Sie eher schlapp und unkonzentriert sind. So können Sie Ihre Hochzeiten auch für Hochleistungen reservieren.

Thomas Mann wurde einmal von dem Historiker Jean Paul von Salis gefragt, wie er es fertig bringe, seine Werke zu schaffen. Mann meinte dazu: »Wissen Sie, der Morgen ist mir heilig. Ich setze mich früh an den Schreibtisch. Es darf kein Telefon, keine Zeitung, keine Korrespondenz zu mir kommen. So schreibe ich bis mittags völlig abgeschirmt an meinen Werken.«

Vielleicht finden auch Sie Ihre »heilige Stunde«, in der Sie sich mit ganzer Kraft Ihren Lernherausforderungen widmen können.

7.6 Beim nächsten Spiel wird alles anders oder: Was wird aus den guten Vorsätzen?

Klingt alles ganz einfach, finden Sie nicht auch? »Lernziele setzen, die wichtigen Dinge zuerst tun und den Lernplatz ordentlich vorbereiten.« Locker lassen sich ein paar schöne Vorsätze fassen, und dann wird manches leichter ...

Mit den Vorsätzen ist es aber so eine Sache. Max berichtet dazu:

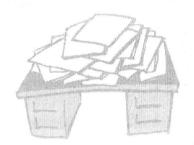

«Ich hab meine eigenen Erfahrungen mit guten Vorsätzen. Was ich mir nicht schon alles vorgenommen habe, wenn ein neues Schuljahr begann! Alles sollte anders werden: Hausaufgabenheft führen, rechtzeitig lernen, Ordnung am Schreibtisch. Und dann? So in der zweiten Woche ging's los und der alte Schlendrian war wieder da. Das war immer frustrierend. Da nehm ich mir doch lieber gar nichts mehr vor.«

Vielleicht sind Sie in diesem oder einem anderen Kapitel auf eine Sache gestoßen, bei der Sie dachten: »Wenn ich das umsetze, dann ändert sich bestimmt schon eine ganze Menge!«? Damit es Ihnen aber nicht so geht wie Max, gibt's zum Abschluss noch drei Tipps, wie aus Ihren Vorsätzen wirklich langfristige Gewohnheiten werden können.

1 Ausgewähltes sehr gut tun

In diesem Buch wimmelt es von Ideen, aus denen sich ganze Listen von guten Vorsätzen machen ließen. Aber halt: Sich vieles vorzunehmen ist schön, es dauerhaft umzusetzen sehr schwierig. Wie so oft in diesem Buch lautet der erste Schritt: Auswählen.

Wählen Sie also möglichst nur ein Anliegen aus, das Ihnen so wichtig ist, dass Sie es wirklich ernsthaft umsetzen wollen. Mit ganzer Konzentration können Sie sich dieser einen Sache widmen. Ein erfolgreiches einzelnes Projekt zieht oft fast automatisch weitere Veränderungen nach sich.

2 Wacker kämpfen

Mit vielen Vorsätzen ist der Wunsch verbunden, etwas dauerhaft zu verändern: »Ich will in Zukunft immer frühzeitig mit den Vorbereitungen beginnen.« Was einfach klingt, ist manchmal eine Kampfansage an feste Gewohnheiten. Die lassen sich nicht so einfach verändern. Um Ihren Wunsch erfolgreich umzusetzen, müssen Sie zweifach erfolgreich sein: beim Kampf gegen die alten, stabilen Gewohnheiten und beim Aufbau der neuen. Ein langer, schwieriger Weg. Daher gilt: Nicht zu früh aufgeben, wacker kämpfen!

3 Freunde einweihen

Suchen Sie sich eine vertraute Person, wenn Sie sich für ein Vorhaben entschieden haben. Weihen Sie sie in Ihren Plan ein. So wird Ihr Wunsch viel verbindlicher. Und Sie haben jemanden an Ihrer Seite, mit dem Sie sich über Ihre Fortschritte austauschen können. Vielleicht vereinbaren Sie mit Ihrem Eingeweihten Termine, an denen er Sie an Ihren Wunsch erinnert.

Haben Sie sich bei der Lektüre dieses Buches etwas vorgenommen? Wenn ja, bieten wir Ihnen an, Sie als Eingeweihte bei der Umsetzung zu unterstützen.

Schicken Sie einfach eine E-Mail an *info@orbium.de*. Beschreiben Sie uns Ihren Plan. Sie können sich wünschen, wann wir nachfragen: nach 11, 22 oder 33 Tagen. Wir freuen uns auf Ihre Post!

... genüsslich faulenzen

Was für ein Tipp in einem solchen Buch, das nur so strotzt von Vorschlägen, wie Sie effizienter lernen können!

Was für ein Rat in einer Zeit, in der Fleiß und Durchhaltevermögen ganz hoch im Kurs stehen.

Neben allem Tätigsein jedoch brauchen Körper und Geist auch Zeiten des Nichtstuns und des Nichtverplantseins. Gönnen Sie sich faule Stunden. Verabschieden Sie sich dabei von Ihren Lernprojekten, indem Sie beispielsweise aus dem Raum gehen oder wenigstens die Bücher zuklappen.

Schalten Sie nun ab, träumen Sie und lassen Sie die Seele baumeln.

Tipp: Planen Sie Gammelstunden ein

Bedenken Sie schon bei der Tagesplanung, wann Sie sich eine lern- und arbeitsfreie Zeit gönnen werden. Planen Sie Ihre Gammelstunde als festen Termin ein. Bleiben Sie eisern, wenn andere – oder Sie selbst – Ihre genüssliche Zeit beanspruchen wollen.

»Hast du heute um 15 Uhr Zeit?«

»Nein, heute um drei kann ich nicht; da habe ich nichts vor!«

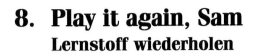

8. Play it again, Sam
Lernstoff wiederholen

8.1 Wiederholen ist keine Zeitverschwendung

8.2 Wiederholungsfrust?

8.3 Erfolgreiches Wiederholen

8.4 Spezielle Wiederholungstechniken

8.5 »Da capo al fine«

8.1 Wiederholen ist keine Zeitverschwendung

»Wer studiert, nicht repetiert, der hat gesät und nicht gemäht.« In diesem jüdischen Sprichwort steckt eine ganz wesentliche Wahrheit. Durch nur einmaliges Hören, Sehen und Erkennen werden neue Informationen nicht zwangsläufig sicher gelernt. Die meisten Inhalte müssen mehrmals verarbeitet, also wiederholt werden, bis sie so verankert sind, dass sie zuverlässig wieder abgerufen werden können.

Manche Neuigkeiten hingegen brauchen Sie nur ein einziges Mal zu hören oder zu lesen. Sie sorgen für bleibenden Eindruck. Sie vergessen sie lange nicht oder sogar nie wieder. Meist handelt es sich dabei um Dinge, die Sie persönlich betreffen, die Sie bewegen oder die auf irgendeine Art kurios oder spannend sind. Oder es sind Informationen aus Bereichen, in denen Sie sich sehr gut auskennen, in denen Sie bereits Experte sind. Diese können leicht in Ihr Wissens- und Erfahrungsnetz eingebunden werden und werden dort sicher »gehalten«.

Grundsätzlich aber gilt leider, dass bei den meisten Lernprozessen mehrere Runden, mehrere Wiederholungen nötig sind, bis Neues gut gelernt ist. Mehrmaliges Wiederholen gehört also zum Lernen! Martin berichtet in einem Lerntraining:

»Vor ein paar Wochen habe ich an einem Excel-Training teilgenommen. Der erste Tag war ganz gut. Aber am zweiten bekam ich ja schon die erste Krise, als der Trainer vorschlug, erst mal eine dreiviertel Stunde lang den Stoff von gestern zu wiederholen. Ich wollte viel lieber neue Formeln und Funktionen lernen.

Nach ein paar Minuten musste ich aber feststellen, dass die Wiederholung gar nicht so schlecht war, weil ich doch nicht alle Formeln sicher parat hatte. Manche verstand ich erst jetzt. Die Wiederholung hat sich schon gelohnt.«

Im Verlauf dieses Kapitels lernen Sie verschiedene Wiederholungstechniken kennen. Sie erfahren, was es beim Wiederholen zu beachten gilt. Im Abschnitt »Da capo al fine« haben Sie Gelegenheit, zwei der Techniken auszuprobieren.

8.2 Wiederholungsfrust?

Haben Sie Angst vor dem Wiederholen?

»Was für eine Frage«, denken Sie jetzt vielleicht. »Warum Angst?« Viele Lernende berichten von schlechten Erfahrungen mit Wiederholungen. Trotz aufwändigen Wiederholungen hatten sie am Ende doch nur wenig behalten. Das ist frustrierend und wirkt sich häufig negativ auf die weitere Lernmotivation aus. Manche entwickeln als Folge davon vernichtende Lerneinstellungen: »Ich kann mir sowieso nichts merken«, »Wozu die ganze Arbeit, wenn dann doch nur so wenig oder gar nichts hängen bleibt?« Sie vermeiden verständlicherweise weiteres Wiederholen. Die Wiederholungsanstrengungen müssen aber nicht zwangsläufig in einer solchen Sackgasse enden. Ganz im Gegenteil: Wenn Sie es richtig anfangen, bieten sie eine gute Chance für Erfolgserlebnisse.

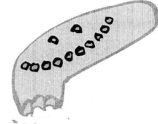

8.3 Erfolgreiches Wiederholen

Tun Sie's regelmäßig in kleinen Portionen!

Je regelmäßiger Sie für Wiederholungsschritte sorgen, desto überschaubarer wird automatisch der entsprechende Lernstoff, desto kleiner sind die Lernportionen. Schieben Sie das Wiederholen nicht vor sich her, schlimmstenfalls sogar als Kompaktprogramm am Ende Ihrer Lernzeit. Bauen Sie Wiederholungen so selbstverständlich ein wie Lesen oder Strukturieren. Am besten machen Sie sich zur Gewohnheit, Ihre Lerneinheiten jeweils mit einer kurzen Wiederholung zu beenden. 10 zusätzliche Wiederholungsminuten zu Beginn der nächsten Runde zahlen sich aus. Idealerweise werden Wiederholungen zu einem selbstverständlichen Schritt, der zum Lernen einfach dazugehört. So können Sie mit kleinen Portionen arbeiten. Nehmen Sie sich nicht zu viel vor. 20 Vokabeln oder 5 wichtige Erkenntnisse auf einmal reichen vollkommen aus. Der eben beschriebene Wiederholungsfrust vieler Lernender ist nämlich häufig hausgemacht. Unerreichbare Ziele, zu hohe und perfektionistische Erwartungen führen fast zwangsläufig zum Misserfolg und damit zu Unzufriedenheit. Frederic erzählt im Lerntraining, wie er das Wiederholen mit einer Eieruhr richtig portioniert:

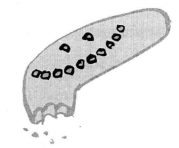

»Am Anfang des Medizinstudiums habe ich mir oft viel zu viel vorgenommen. Ich wusste, wie wichtig Wiederholungen sind. Also habe ich mich nach zwei Tagen Lesen hingesetzt und wollte möglichst alle gelernten Fakten wieder aufsagen. Das aber kostete viel zu viel Zeit. Ich hatte das Gefühl, nicht weiterzukommen. Irgendwann habe ich dann angefangen, mit der alten Eieruhr meiner Oma Wiederholungszeiten vorzugeben. 10 oder 15 Minuten waren für mich das Beste. Wenn der Wecker klingelte, ging es mit neuem Stoff weiter. So war ich richtig motiviert, in der relativ kurzen Zeit möglichst viel Gelerntes zu wiederholen.«

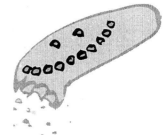

Sorgen Sie für tiefes Wiederholen!

Viele Lernende haben das Wiederholen als anstrengendes Pauken kennen gelernt: Gedichttexte, Vokabeln oder Definitionen mussten mechanisch immer wieder aufgesagt werden. Wenn regelmäßig mechanisch wiederholt wird, gelingt es durch diese Anstrengung durchaus, komplexe Informationen zu memorieren. Nachteil solchen Wiederholens ist, dass dabei über das Gelernte zunächst wenig nachgedacht wird. Die Informationen werden weder hinterfragt noch miteinander oder mit anderen Inhalten verknüpft. Sie können später oft nur im gelernten Zusammenhang abgerufen und wiedergegeben werden.

Der beschriebene Weg ist daher eine Form des Wiederholens mit begrenztem Wert. Er kann bei manchen Lernaufgaben und Lernzielen allerdings genutzt werden. Zum Beispiel dann, wenn bei Prüfungen Faktenwissen mehr oder weniger im Wortlaut aufgesagt werden soll.

Mit Wiederholungen können Sie aber noch viel mehr erreichen als bloßes Einhämmern. Durch geeignetes Wiederholen haben Sie die Chance, über das Gelernte noch einmal nach-zudenken. Wie kann das aussehen?

Wer nach-denkend wiederholt, setzt sich noch einmal intensiv mit dem Thema auseinander, fasst wesentliche Erkenntnisse aus der eigenen Sicht zusammen und stellt Fragen an den Lernstoff. Wer nach-denkend wiederholt, schlüpft in verschiedene Perspektiven, aus denen er das Gelernte betrachtet und bewertet. Wer nach-denkend wiederholt, verknüpft die neuen Informationen mit vorhandenem Wissen und Erfahrungen, denkt weiter, geht ungerade, ungewohnte Denkwege und dreht und wendet den Lernstoff hin und her.

Vollmer und Hoberg unterscheiden zwischen flachen und tiefen Wiederholungen. Während flaches Wiederholen mehr einer mechanischen Wiedergabe des Stoffes gleicht, wird bei tiefer Wiederholung der Inhalt noch einmal von einer anderen Seite her aufgerollt, verändert, umschrieben oder neu strukturiert.

Welche der folgenden Techniken sind flache, welche sind tiefe Wiederholung? Was denken Sie?

Einen Text noch einmal durchlesen	☐ flach	☐ tief
Fragen zu einem Text entwerfen	☐ flach	☐ tief
Eine Abbildung zum wiederholten Mal ansehen	☐ flach	☐ tief
Überflüssiges streichen	☐ flach	☐ tief
Eigene Überschriften formulieren	☐ flach	☐ tief
Jemandem berichten	☐ flach	☐ tief
Eine Grafik abmalen	☐ flach	☐ tief
Einen Text zusammenfassen	☐ flach	☐ tief
Eine Information visualisieren	☐ flach	☐ tief

Drehen Sie mehrere Runden!

In der Regel sind mehrere Wiederholungen notwendig, bis neue Informationen langfristig verankert werden. Drehen Sie daher beim Lernen und Wiederholen mehrere Runden. Viele Lernende werden beim Wiederholen leider schnell ungeduldig und wünschen sich die Fähigkeit, Neues nach einmaligem Hören, Lesen oder Verstehen bereits gelernt und langfristig zur Verfügung zu haben. Normalerweise gelingt dies jedoch nicht. Oder vielleicht zum Glück? Stellen Sie sich vor, Sie könnten sich alles merken, was Sie einmal gehört, gelesen, gesehen und erlebt haben. Stellen Sie sich vor, Sie wüssten noch heute, was Sie am 15. Januar 1999 zu Mittag aßen oder was das Thema Ihres 17. Schulaufsatzes war? Aus gutem Grunde speichert unser Gehirn nicht alles langfristig, was einmal verarbeitet wurde. Unzählige Eindrücke und Informationen werden herausgefiltert oder bald wieder vergessen. Gudrun klagt in einem Lerntraining:

> *»Jetzt habe ich die verschiedenen Schritte der Stressreaktion so oft auf alle möglichen Arten wiederholt. Ich war mir sicher, dass ich das nie mehr vergesse. Und nur wenige Monate später ist es fast ganz weg. Das macht mich richtig zornig!«*

Gudruns Zorn ist verständlich und die meisten kennen dieses Gefühl recht gut. Viele machen sich Vorwürfe und zweifeln an ihrer Lernfähigkeit. Aber: Für eine zuverlässige Speicherung sind oft mehrere Lern- und Wiederholungsdurchgänge nötig.

Also: Haben Sie Geduld mit sich! Geben Sie nicht auf und drehen Sie viele Wiederholungsrunden.

Machen Sie es sich leicht!

Viele Lernende meinen, besonders erfolgreich zu wiederholen, wenn Sie es sich dabei möglichst schwer machen: Schon beim ersten Wiederholungsdurchgang versuchen sie, ohne Bücher, Stichworte oder Leitfragen das Gelernte frei wiederzugeben. Durch besonders harte Bedingungen erhoffen sie, die Qualität ihrer Wiederholungsaktionen zu erhöhen. Der hohe Anspruch wird aber häufig zum Hauptgrund für Schwierigkeiten und Unzufriedenheit. Machen Sie es sich in den ersten Runden stattdessen möglichst leicht. Nutzen Sie Aufzeichnungen und Bücher und »spicken« Sie, wenn Sie nicht mehr weiterkommen. Erfolgreiches Wiederholen findet auch dann statt, wenn Sie sich das Lernmaterial noch einmal bewusst ansehen. Mit jeder Runde, in der Sie den Stoff – egal ob mit oder ohne Hilfe – noch einmal durchlaufen, werden Sie sicherer.

8.4 Spezielle Wiederholungstechniken

Durch unterschiedliche Vorgehensweisen können Sie auch beim Wiederholen für Abwechslung und Lebendigkeit sorgen. Im Folgenden lernen Sie 8 praktische Wiederholungstechniken kennen, mit denen Sie den Lernstoff festigen können. Die einzelnen Formen werden anhand konkreter Beispiele aus Lerntrainings vorgestellt. Nicht jede Methode lässt sich für alle Lern- und Wiederholungsaufgaben nutzen. Durch kleine Variationen können die meisten jedoch auf unterschiedlichste Lernfelder übertragen werden. Fast alle Techniken können Sie gut und erfolgreich allein einsetzen. Mit Lernpartnern, Lerngruppen oder Freunden kann das Wiederholen aber viel mehr Spaß machen!

Drei Bemerkungen vorweg:

1 Manche der Vorgehensweisen werden Sie vielleicht belächeln. Hier gilt der Grundsatz: Sie entscheiden selbst am besten, welche Lernformen zu Ihnen passen! Wir möchten Sie dennoch ermuntern, etwas Leben in Ihre Wiederholungsgewohnheiten zu bringen. Dazu sollen die verschiedenen Techniken einladen.

2 Viele Lernende bezweifeln zunächst, ob sich der – bei manchen Lerntechniken nicht unerhebliche – Zeitaufwand rechnet. Denn wie überall kann man es auch beim Wiederholen übertreiben und dadurch das eigentliche Ziel aus den Augen verlieren. Bei der Beantwortung der Zeitfrage hilft Ihnen Ihr Lernziel: Wollen Sie die Inhalte langfristig und wirklich sicher speichern, tätigen Sie mit aufwendigen Wiederholungen eine gute Investition.

3 Denn eines ist klar: Wiederholen kostet Zeit und Kraft. Bis neue Lerninhalte richtig sitzen, muss meist ein längerer Weg zurückgelegt werden. Der erfordert Durchhaltevermögen und Disziplin. Aber: Mit den folgenden Techniken können diese – wenn auch anstrengenden – Wege auch eine Menge Spaß machen!

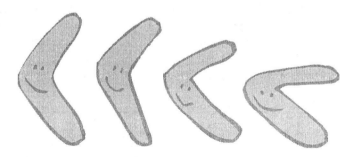

»Top-Ten«

Kornelius hat sich am Vormittag mit den Funktionen des Bundestages befasst. Er hat viel gelesen und sich Notizen gemacht. Kurz vor Beginn der Mittagspause nutzt er die letzten Minuten für eine erste Wiederholung. Er überlegt sich, welche Informationen er heute gelernt hat. Seine wichtigsten Erkenntnisse trägt er in seine »Top-Ten-Liste« ein.

1 Der Bundestag hat Artikulationsfunktion: Politische Auffassungen des Volkes sollen Ausdruck finden.

2 Kontrollfunktion: Der Bundestag kontrolliert das Handeln der Regierung

3 Der Bundestag ist ein arbeitsteiliges Parlament. Es wird in Ausschüssen gearbeitet.

4 Der Bundestag hat Wahlfunktion: Bundeskanzler, Bundespräsident (mit Vertretern der Landtage in Bundesversammlung) und die Hälfte der Bundesverfassungsrichter werden gewählt.

5

6

Durch Auswahl und Kurzbeschreibung der wichtigsten Ergebnisse sorgt er für eine übersichtliche Zusammenfassung. Mit seinen »Top-Erkenntnissen« kann er bei der nächsten oder auch einer späteren Lerneinheit wieder ins Thema einsteigen. Anstelle von Erkenntnissen und Fakten können Sie auch Fragen auf der »Top-Ten-Liste« sammeln, die Sie sich bei der nächsten Wiederholungsrunde selbst beantworten.

7

8

Stichwortsalat

Am Wochenende hat sich Gisela mit den Grundlagen der Gentechnik beschäftigt. Aus Büchern und Skripten hat sie eine Menge Informationen zusammengetragen und am Computer eingegeben. Zum Abschluss ihres Lernwochenendes wählt sie aus allen Themen die wichtigsten Stichworte aus und schreibt sie auf kleine Karten. Diese steckt sie in einen Umschlag und lässt sie zwei Tage ruhen. Am Mittwoch öffnet sie den Umschlag und zieht aus ihrem »Stichwortsalat« nacheinander Begriffe heraus. Jeden der Begriffe nutzt Gisela zur gründlichen Wiederholung. Mit eigenen Worten erklärt sie sich Bedeutung und Zusammenhänge. Inhalte, an die sie sich nicht mehr gut erinnern kann, schlägt sie in ihren Aufzeichnungen oder den Lehrbüchern nach.

Manche Lernende wurden beim Frühjahrsputz oder Umzug schon Monate und Jahre später überrascht: Unter dem Sofa, in Schubladen verborgen oder in verstaubten Bücherregalen stießen sie auf längst vergessene Wiederholungsumschläge. Und dann wurde es richtig spannend: Zu welchen Stichworten waren noch Informationen abrufbar?

Wiederholungspost

Post zu bekommen ist Klasse, solange es keine Rechnungen sind! Auch beim Lernen können Sie für Nachschub im Briefkasten sorgen. Anstatt den Wiederholungsumschlag zu verstecken (und womöglich nie wieder zu finden), können Sie ihn auch an sich adressieren und schicken. So kommt am nächsten oder übernächsten Tag ganz offiziell ein Wiederholungsumschlag ins Haus. Darin finden Sie Stichworte, Thesen oder Fragen rund um Ihr Lernthema. Wenn der Postbote zweimal klingelt, können Sie sich auf eine Wiederholungsrunde freuen. Vielleicht verbunden mit einem zweiten Frühstück ...

Von A bis Z

Andreas Deutschkurs befasst sich mit der Epoche der Romantik. Sie weiß bereits eine ganze Menge. Vor der anstehenden Klassenarbeit notiert sie sich auf einem Bogen Papier die Buchstaben von A bis Z. Die 26 Buchstaben des Alphabets fordern sie nun heraus: Bei jedem Buchstaben trägt sie Begriffe rund um die romantische Dichtung ein.

Zunächst legt sie einfach mal los und ist bald überrascht, wie viele bereits gelernte Informationen ihr einfallen. Die alphabetische Sammlung lädt sie dazu ein, gewohnte Denkpfade zu verlassen. Auf diese Weise bringt sie ihr Wissensnetz mit all seinen Querverbindungen in Schwung.

A
B blaue Blume, Symbol für die romantische Sehnsucht
C Clemens Brentano
D
E Eichendorf
F Fantasie, Friedrich von Hardenberg
G Grimms Märchen Jakob u. Wilhelm
H Harmonische Welt, Hauffs Märchen, Heinrich Heine
I
J Jenaer Romantik - Frühromantik
K
L
M
N Nacht: Sinnbild für Mysteriöses
O
P
Q
R
S
T
U
V
W
X Experte für Romantik: Ich
Y
Z

Wichtig: Ziel ist nicht, zwanghaft zu allen Buchstaben Assoziationen zu finden. Wo Ihnen nichts einfällt, bleibt die Zeile einfach frei. Oder: Sie lösen die Sache kreativ. So wie Andrea beim X.

Feierabendkino

Den ganzen Tag über hat sich Sven mit physikalischen Formeln, Berechnungen und Versuchsverläufen auseinander gesetzt. Zur Wiederholung gönnt er sich einen »Kinobesuch«. Er sucht sich eine bequeme Position, in der er sich ein paar Minuten entspannen kann. Er lehnt sich im Schreibtischstuhl zurück und streckt die Beine von sich oder kuschelt sich auf sein Sofa. Dann schließt er die Augen und startet den Kinofilm. Heute im Programm: »Die physikalischen Tageserkenntnisse in Kürze«. Vor seinem geistigen Auge lässt er noch einmal die wichtigsten Lernschritte des Tages vorüberziehen. Er stellt sich vor, was er gelesen, berechnet und erprobt hat. Wie im Zeitraffer sieht er sich in seiner Vorstellung die gelernten Abläufe an. Sven gibt seinem Film Farbe, Bilder und Bewegung. An Lernstoff, den Sven in seinen Filmen lebendig werden ließ, kann er sich später besonders gut erinnern.

Eben mal zwischendurch

Gregor steht im Supermarkt in der Warteschlage. Acht Kunden mit reichlich gefüllten Wagen warten vor ihm. Die Kassiererin unterbricht, um eine neue Papierrolle einzulegen. Gregor wird ungeduldig, denn eigentlich wollte der Geschichtsstudent längst wieder am Schreibtisch bei Karl dem Großen sitzen.

Ob im Supermarkt, im Linienbus, am Bahnhof oder beim Zähneputzen: Der Alltag bietet regelmäßig Wartezeiten, in denen »eben mal zwischendurch« Lernstoff wiederholt werden kann. Gregor zückt aus seiner Hosentasche Stichwortkarten und geht sie durch. Einige kleine Karteikarten mit Fragen, Aussagen oder Vokabeln genügen, um aus der Not eine Tugend zu machen. Und ehe man sich versieht, sind sieben Geschichtszahlen wiederholt, die Papierrolle gewechselt und die Einkäufe übers Fließband gelaufen …

Plauderstunden

Tonia beschäftigt sich im Betriebswirtschaftsstudium mit modernen Führungstheorien. Sie beschreibt, definiert und vergleicht verschiedene Ansätze. Sie zählt Merkmale und Voraussetzungen auf. Was sie lernt, erscheint ihr meist recht theoretisch. Wie gerne würde sie den Theorien Leben einhauchen, praktische Fallbeispiele durchgehen und kritische Fragen stellen!

Ein angenehmer Weg, diesen Wunsch zu verwirklichen, sind Plauderstunden. Dazu bittet Tonia gerne ihren Freund. Ihm erzählt sie, womit sie sich gerade beschäftigt und was sie gelernt hat. Sie fragt nach seiner Meinung. Oft kommen sie von ganz allein ins Diskutieren. Plauderstunden sind so für beide lehrreich.

Manchmal erzählt Tonia auch Onkel Willi von ihren Lernthemen. Der hat zwar mit Betriebswirtschaft wenig am Hut. Umso wichtiger ist daher, dass Tonia die Thesen verständlich erklärt. Und dabei merkt sie schnell, ob sie den Stoff wirklich verstanden hat. Die Rahmen für Plauderstunden können ganz unterschiedlich sein: Autofahrten, Kaffee und Kuchen oder das Freibad.

Von einer ganz speziellen Variante erzählt Paul:

»*Seit dem letzten Jahr mache ich solche Plauderstunden immer täglich beim Dauerlauf. Dabei erzähle ich meinem Freund, was ich im Lauf des Tages so gelernt habe. Wir diskutieren das dann auch. Anschließend berichtet er von seinen Themen. Das mit dem Laufen hat mehrere Vorteile: Wir werden nicht zu schnell, denn sonst wird es mit dem Erzählen schwierig. Außerdem sind wir von der Anstrengung des Laufens abgelenkt und gleichzeitig sorgen wir für gutes Wiederholen.*«

Hörtexte

Seit einigen Jahren sind Hörspiele auch unter Erwachsenen wieder sehr gefragt. Buchhandlungen bieten eine große Auswahl von Romanen auf Kassette oder CD an. Sogar Fachtexte gibt es als Hörbücher. Größere Tageszeitungen bieten ausgewählte Artikel übers Internet ebenfalls zum Anhören an.

Tim hört in der Freizeit gerne Hörspiele und Hörbücher. Daher nutzt er die Technik gern auch für sein Philosophiestudium: Wichtige Texte und Gedanken spricht er mit einem Diktiergerät auf Band. Besonders interessante Abschnitte liest er komplett laut vor. Manchmal erzählt er beim Aufnehmen auch frei, was er gelernt hat. Beim Bügeln, Geschirrspülen, im Auto oder abends vor dem Einschlafen hört er sich dann die Bänder an. Auch auf Bahnfahrten und beim Joggen lässt er sich über den Walkman von seinen philosophischen Texten unterhalten. Weil Tim viel liest, bietet diese Wiederholungsform eine willkommene Abwechslung.

Hinweis: Diese Technik ist für viele Lernende zunächst ungewohnt. Da sie die eigene Stimme selten hören, gilt es, sich an ihren Klang zu gewöhnen. Viele schrecken auch davor zurück, weil ihnen Sprechfehler unterlaufen. Nach einigen Versuchen aber stören sich die meisten nicht mehr daran.

Wiederholungsklassiker

Bei vielen Lernaufgaben geht es darum, sich Verbindungen von Paaren einzuprägen. Zum Beispiel beim Vokabellernen: Französisches Wort und deutsche Bedeutung: attendre – warten. Oder in Geschichte: Jahreszahl und Ereignis: 1815 – Wiener Kongress. In Geographie geht es beispielsweise darum, Land und Hauptstadt zu verknüpfen: Georgia – Atlanta. Bei diesen Lernaufgaben – insbesondere dann, wenn große Stoffmengen erlernt werden – sind regelmäßige Wiederholungen unverzichtbar. Die drei folgenden Spiele bieten zweierlei: Die Möglichkeit, den Lernstoff intensiv zu trainieren. Und sie bringen Spaß. Bei allen drei Formen sind vorbereitende Schritte nötig, die natürlich Zeit kosten. Aber: Bereits bei der Herstellung der Wiederholungsmaterialien werden Sie schon viel lernen und wiederholen!

1 Memory

Das bekannte Spiel von Ravensburger lässt sich auch zum Wiederholen, zum Beispiel von Vokabeln, einsetzen. Benötigt wird viel Platz auf Tisch oder Boden und gleichförmige Spielkarten. Karteikarten eignen sich gut. Auf jede Karte wird nur ein Wort geschrieben. Zwei Karten gehören jeweils zusammen. Zu jedem Wort gibt es zwei Karten: Französisches Wort und deutsche Übersetzung. Die Karten werden nun mit der unbeschriebenen Seite nach oben beliebig ausgelegt. Jetzt gilt es, zwei Karten direkt nacheinander aufzudecken und dabei ein Vokabelpaar zu finden. Nach jedem Versuch werden die beiden Karten wieder umgedreht; gefundene Paare werden jedoch herausgenommen. Neben dem Vokabellernen wird dabei auch noch das Gedächtnis trainiert! Sie können Memory natürlich auch alleine spielen. Gemeinsam mit Freunden macht es allerdings mehr Spaß.

2 Domino

Und noch ein Spiel aus Kindertagen. Erinnern Sie sich an die rechteckigen, schwarzen Spielsteine mit den weißen Punkten? Angelegt wird die gleiche Augenzahl. Wer zuerst alle Steine los ist, gewinnt. Zu gewinnen gibt's mit dem Dominoprinzip als Wiederholungstechnik noch mehr Sicherheit beim Lernen. Anstelle der Augen werden Lerninhalte eingesetzt. Judith lernt im Geographieunterricht die afrikanischen Staaten und deren Hauptstädte. Für ihr Training verteilt sie die Staaten und Hauptstädte auf unterschiedliche Dominokarten. Die Karten werden gemischt. Dann beginnt das Anlegen. Um überprüfen zu können, dass die richtige Stadt beim richtigen Staat gelandet ist, können Sie Zahlencodes auf der Rückseite notieren.

3 Puzzle

Uta zog vor kurzem nach Berlin. Das U- und S-Bahn – Netz forderte sie schon bei der Wohnungssuche ziemlich heraus. Um sich schneller zurechtzufinden, wollte sie die Endbahnhöfe der knapp 30 Linien lernen. »Wohin fährt der von Pankow kommende Zug der U2?«, fragte sie sich. Uta merkte bald, dass sie die vielen Verbindungen häufig wiederholen musste, da sie sie schnell wieder vergaß. Für ihr Bahnhoftraining fertigte sie, wie in der Abbildung zu sehen ist, für jede Linie eine Karte mit beiden Endbahnhöfen an. Die zwei Worte trennte sie durch unterschiedliche Schnitte. Auf dem Küchentisch mischte sie anschließend alle Kartenhälften, um sie dann wieder richtig zusammenzulegen. Klingt einfach, denken Sie? Die unterschiedlichen Schnittformen erleichtern tatsächlich das Zuordnen der Paare. Nach einigen Wiederholungsrunden wurde Uta zunehmend sicherer. Am Ende achtete sie kaum mehr auf die Lernhilfe. Auf diese Weise machte das an sich mühsame Erlernen der Verbindungen Spaß. Dies zeigt sich noch heute: Uta legt ihren zahlreichen Berlin-Besuchern das Puzzle ans Gästebett. Auch nach langen Hauptstadttagen beschäftigen sich viele von ihnen noch gerne mit dem U-Bahn-Spiel.

8.5 »Da capo al fine«

Sie sind nun am Ende des Buches (fine) angekommen. Wie es sich für das Finale eines Lernhandbuches gehört, haben Sie nun Gelegenheit, das bisher Gelesene noch einmal für sich zu wiederholen. Denn Sie wissen ja: Wiederholen gehört zum Lernen dazu …

1 Von A bis Z auf Lernen eingestellt

Sammeln Sie – wie auf Seite 135 beschrieben – Ihre Gedanken, Ideen und Vorsätze zum Thema Lernen.

Wiederholen

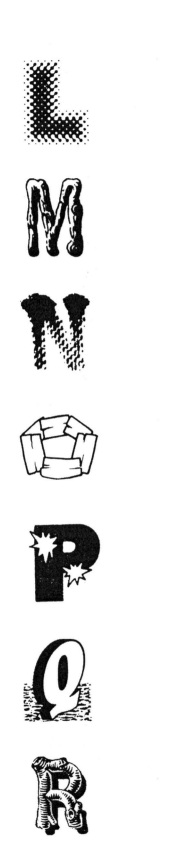

2 Ihre »Top-Ten«-Erkenntnisse rund ums Lernen

Blicken Sie auf die Kapitel des Buches zurück, die Sie gelesen haben. Welche Ideen, Techniken und Informationen sind für Sie besonders wertvoll? Worauf wollen Sie beim Lernen künftig achten?

1 _____

2 _____

3 _____

4 _____

5 _____

6 _____

7 _____

8 _____

9 _____

10 _____

9 Tiefer blicken
Literatur

Bednorz, Peter & Schuster, Martin: Einführung in die Lernpsychologie.
München und Basel: E. Reinhardt Verlag, 2002 – 3. neu bearb. und erw. Aufl.

Betteray, Christiane von: Lern-Vitamine – Besser lernen durch gesunde Ernährung.
Berlin: Cornelsen Scriptor, 2002

Birkenbihl, Vera F.: Das »neue« Stroh im Kopf? – Vom Gehirn-Besitzer zum Gehirn-Benutzer.
Landsberg am Lech: mvg-verlag, 2001 – 38. Aufl.

Covey, Stephen R.: Die sieben Wege zur Effektivität – Ein Konzept zur Meisterung Ihres beruflichen und privaten Lebens. München: W. Heyne Verlag, 2001 – 19. Aufl.

Döring, Klaus W. & Ritter-Mamczek, Bettina: Lehren und trainieren in der Weiterbildung – Ein praxisorientierter Leitfaden. Weinheim: Beltz Verlag, 2001 – 8. Aufl.

Döring, Klaus W. & Ritter-Mamczek, Bettina: Lern-und Arbeitstechniken in der Weiterbildung – erfolgreiches Selbstmanagement für Erwachsene. Weinheim: Beltz Verlag, 2001

Hüholdt, Jürgen: Wunderland des Lernens – Lernbiologie, Lernmethodik, Lerntechnik.
Bochum: Verlag für Didaktik, 1990 – 5. neu bearb. Aufl.

Klein, Jochen & Träbert, Detlef: Wenn es mit dem Lernen nicht klappt – Schluss mit Schulproblemen und Familienstress. Reinbek bei Hamburg: Rowohlt Taschenbuch Verlag, 2001

Klippert, Heinz: Methoden-Training – Übungsbausteine für den Unterricht.
Weinheim und Basel: Beltz Verlag, 2002 – 12. Aufl.

Kugemann, Walter F.: Lerntechniken für Erwachsene. Reinbek bei Hamburg:
Rowohlt Taschenbuch Verlag, 2001 – 16. Aufl.

Kullmann, Heide-Marie: Lernen und Gedächtnis im Erwachsenenalter.
Bielefeld: W. Bertelsmann Verlag, 2000

Langer, Ellen J.: Kluges Lernen – Sieben Kapitel über kreatives Denken und Handeln. Reinbek bei Hamburg: Rowohlt Taschenbuch Verlag, 2001

Michelmann, Rotraut & Michelmann, Walter U.: Effizient und schneller lesen – Mehr Know-how für Zeit- und Informationsgewinn. Reinbek bei Hamburg: Rowohlt Taschenbuch Verlag, 2002 – 5. Aufl.

Roth, Gerhard: Aus Sicht des Gehirns. Frankfurt am Main: Suhrkamp Verlag, 2003

Scheunpflug, Annette: Biologische Grundlagen des Lernens. Berlin: Cornelsen Scriptor, 2001

Schräder-Naef, Regula: Rationeller Lernen lernen – Ratschläge und Übungen für alle Wissbegierigen. Weinheim: Beltz Verlag, 2001 – 20. Aufl.

Spitzer, Manfred: Lernen – Gehirnforschung und die Schule des Lebens. Heidelberg und Berlin: Spektrum Akademischer Verlag, 2002

Stary, Joachim & Kretschmer, Horst: Umgang mit wissenschaftlicher Literatur – Eine Arbeitshilfe. Berlin: Cornelsen Scriptor, 2000 – 2. Aufl.

Steiner, Verena: Lernen als Abenteuer – Mit Lust und Neugier zu mehr Wissen. Frankfurt am Main: Eichborn Verlag, 2002

Vester, Frederic: Denken, Lernen, Vergessen. München: Deutscher Taschenbuch Verlag, 2001 – 28. Aufl. aktualisierte Neuausgabe

Vollmer, Günter & Hoberg, Gerrit: Lernwege oder Das Lernen ist lernbar; Teilnehemer-Handbuch. Stuttgart: Klett Verlag 1996

10 Suchen und Finden
Stichworte

A

Abrufhilfen 42
Agierend lernen 32
Analysierend lernen 36
Assoziation 73, 74
Auditiv lernen 38
Ausatmen 20

B

Begriffsgruppen 55
Bewegung 17, 32
Beziehungs- und Begriffsnetzwerk 56
Biografien-Technik 86

E

Ein- und ausatmen 20
Episodisches Gedächtnis 87
Erfahrungsnetz 73
Erfolge feiern 111
Erinnern 20
Eselsbrücke 72
Essen 104

F

Faulenzen 124
Feierabendkino 136
Flussdiagramm
    -eindimensional 58
    -zweidimensional 60
Foto-Technik 91
Fragenkette 57
Frust 70, 126

G

Gedichte lernen 32
Geschichten-Technik 82
Gliederungsschema 58

H

Hörtexte 139

I

Informationsverarbeitungsansatz 20
Interessieren 20

J

Jagen und sammeln 47

K

»Kennen wir uns nicht?« 45
Kommunizierend lernen 30
Konzentration 42
Krumme Hunde 46

L

Lachen 26
Lernbrücken 71, 77
Lerncoach 105
Lernmodell 20
Lernorganisation 105
Lernparty 31
Lernposter 35
Lernprozess 20
Lernschritte 22
Lernteam 40
Lerntypen 29
Lernumgebung 118

Lernwege 27
  -agierend 32
  -analysierend 36
  -auditiv 38
  -kommunizierend 30
  -visuell 34
Lernzeit 120
Lernziel 106
Lesestrategie 13
Lieblingswörter 46
Locus-Technik 89

M

Memory 140
Merkbrücke 83
Merktechniken 80
  - Biografien-Technik 86
  - Foto-Technik 91
  - Geschichten-Technik 82
  - Lupentechnik 80
  - Ohrwurm-Technik 38
  - Ortstermin-Technik 89
  - Reim-Technik 93
Merktipps 96
  - Der Mix macht's 99
  - Es darf auch Spaß machen! 96
  - Es sind Ihre Lernbrücken 96
  - Kein Allheilmittel 98
  - Nicht zu kompliziert 98
  - Übung macht den Meister 99
Mind-Map 61
Mise en place 117

O

Ohrwurm-Technik 38
Ortstermin-Technik 89

P

Plauderstunden 138

Prioritäten setzen 112
  - Dringlichkeit 112
  - Wichtigkeit 112
Puzzle 141

Q

Quadrantenmodell 113
  - Notwendigkeit 113
  - Qualität 113
  - Täuschung 113
  - Verschwendung 113

R

Raupe Nimmersatt 49
Reim-Technik 93

S

Schatzsuche 46
Schlaf 50
Semantisches Gedächtnis 86
Sonderausstellung 47
Spickzettel 65
Stichwortsalat 134
Stop and go 48
Strukturieren 51
  - Begriffsgruppen 55
  - Beziehungs- und Begriffsnetzwerk 56
  - Eindimensionales Flussdiagramm 58
  - Fragenkette 57
  - Gliederungsschema 58
  - Mind-Map 61
  - Zweidimensionales Flussdiagramm 60

T

Tabelle 37
Tiefes Wiederholen 128
Top-Ten 133
Trinken 12

U

Übertragen 20

V

Verankern 20
Verarbeiten 20
Visualisieren 51, 54
Visuell lernen 34
Vokabeltraining 45
   - Bildwörterbuch 48
   - Die phantastischen fünf 45
   - Die Raupe Nimmersatt 49
   - Jagen und sammeln 47
   - »Kennen wir uns nicht?« 45
   - Lieblingswörter und krumme Hunde 46
   - Schatzsuche 46
   - Sonderausstellung 47
   - Stop and go 48
Von A bis Z 135
Vorsätze 122

W

Wahrnehmen 20
Wiedergeben 20
Wiederholen 125
Wiederholungstechniken 131
   - Domino 140
   - Eben mal zwischendurch 137
   - Feierabendkino 136
   - Hörtexte 139
   - Memory 140
   - Plauderstunden 138
   - Puzzle 141
   - Stichwortsalat 134
   - »Top-Ten« 133
   - Von A bis Z 135
   - Wiederholungspost 134
Wiederholungstipps 127
   - Einfachheit 131
   - Mehrere Runden 130
   - Regelmäßigkeit 127
   - Tiefes Wiederholen 128
Wissensnetz 73

Z

Ziele setzen 108

Schilling Seminare / Verlag
Dipl.-Ing. Dipl.-Päd. Gert Schilling
Dieffenbachstrasse 27
10967 Berlin

Tel.: 030 / 690 418 46
Fax: 030 / 690 418 47
mail@gert-schilling.de
www.schilling-verlag.de
www.schilling-seminare.de

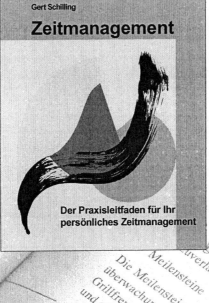

Serie »Praxisleitfaden«

Die Serie »Der Praxisleitfaden ...«

- Angewandte Rhetorik und Präsentationstechnik
- Präsentieren mit Laptop und Beamer
- Verkaufstraining
- Zeitmanagement
- Projektmanagement
- Moderation von Gruppen

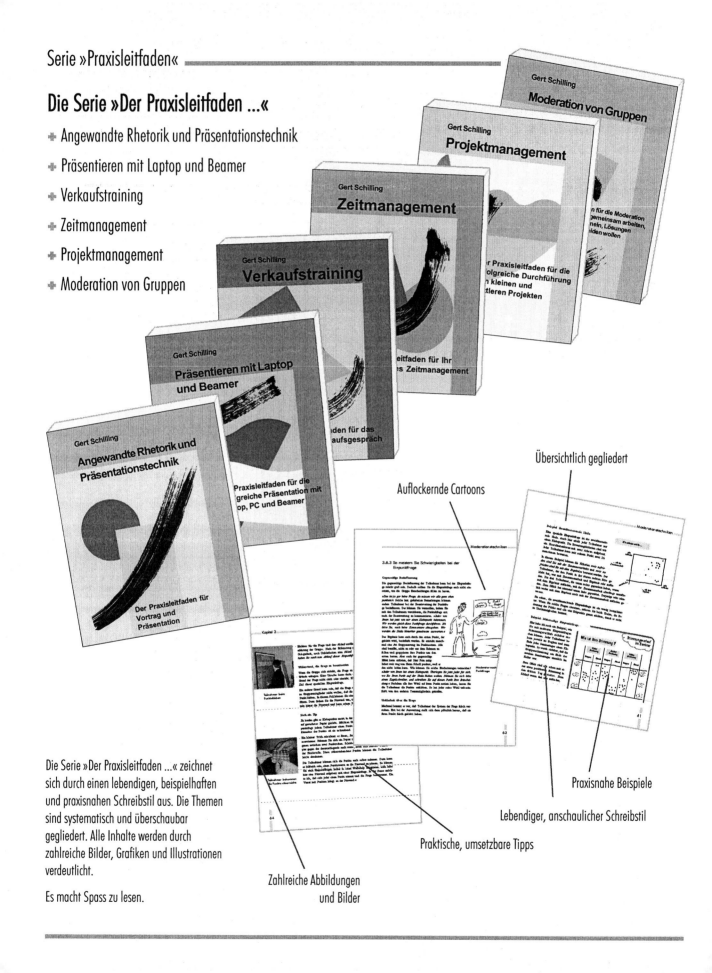

Die Serie »Der Praxisleitfaden ...« zeichnet sich durch einen lebendigen, beispielhaften und praxisnahen Schreibstil aus. Die Themen sind systematisch und überschaubar gegliedert. Alle Inhalte werden durch zahlreiche Bilder, Grafiken und Illustrationen verdeutlicht.

Es macht Spass zu lesen.

- Übersichtlich gegliedert
- Auflockernde Cartoons
- Praxisnahe Beispiele
- Lebendiger, anschaulicher Schreibstil
- Praktische, umsetzbare Tipps
- Zahlreiche Abbildungen und Bilder

Buch

Angewandte Rhetorik und Präsentationstechnik
Der Praxisleitfaden für Vortrag und Präsentation

Wollen Sie Ihre Vortragsqualität verbessern? Wollen Sie zielgerichtet präsentieren und teilnehmerbezogen vortragen? Wollen Sie die Aufmerksamkeit Ihrer Teilnehmer wecken und als Referent in Erinnerung bleiben? Wollen Sie Medien sinnvoll einsetzen und Zahlen in überschaubaren Graphiken darstellen? Wollen Sie mit schwierigen Situationen und schwierigen Teilnehmern besser umgehen? Wollen Sie mit Ihrer Präsentation die Teilnehmer überzeugen? Wollen Sie eine Diskussion anregen, leiten und beenden können? Mit diesem Buch erhalten Sie eine systematische Beschreibung der Vortrags- und Präsentationstechniken mit Tipps für Ihre Präsentationspraxis.

Zum Buch im Internet: www.schilling-verlag.de
Cartoons zum Thema Vortrag und Präsentation

Gert Schilling / 24,-Euro / 21x25 cm / 145 Seiten / zahlreiche Abbildungen / ISBN 3-930816-58-X

OH Zeiger

Overhead-Zeigestäbe
Der Aufmerksamkeitswecker für Ihre Präsentation

Bei einer Präsentation wollen Sie die Aufmerksamkeit Ihrer Teilnehmer auf einen bestimmten Punkt Ihrer Overheadfolie lenken? Es gibt jetzt verschiedene Möglichkeiten für Sie:

1. Möglichkeit: Sie zeigen etwas an der Projektionswand und verdecken mit Ihrer akrobatischen Übung die halbe Darstellung.

2. Möglichkeit: Sie zeigen mit dem Finger kurz auf die Folie, und Ihre Teilnehmer sehen einen Schatten über die Darstellung huschen (Batman-Effekt).

oder:

Sie haben einen **Overhead-Zeigestab**. Den können Sie auf der Folie ablegen, und die Aufmerksamkeit Ihrer Teilnehmer ist die ganze Zeit auf den Punkt gerichtet, welchen Sie gerade erläutern. Sie können vom Overheadprojektor zurücktreten, sind in Haltung und Gestik nicht behindert und geben den Blick auf Ihre Darstellung frei.

Overhead-Zeigestab »Hand«

✤ Material: Plexi farbig/ fluoreszierend / durchscheinend ✤ Maße: ca. 17 cm lang / 3 mm dick ✤ Farbe: rot ✤ Preis: Stück 5,- Euro / 5 Stück 20,- Euro
✤ Inklusive zwölfseitigem Heft »So setzen Sie den Overhead-Zeigestab wirkungsvoll ein« und »Tipps zur Foliengestaltung«

Overhead-Zeigestab »Pfeil«

✤ Material: Plexi farbig / fluoreszierend / durchscheinend ✤ Maße: ca. 14 cm lang / Vierkantstab 10x10 mm ✤ Farben: grün / gelb ✤ Preis: Stück 7,50 Euro / 5 Stück 30,- Euro ✤ Inklusive zwölfseitigem Heft »So setzen Sie den Overhead-Zeigestab wirkungsvoll ein« und »Tipps zur Foliengestaltung«

Buch

Präsentieren mit Laptop und Beamer
Der Praxisleitfaden für die erfolgreiche Präsentation mit Laptop, PC und Beamer

Sie wollen wirkungsvoll mit Medien wie Laptop, PC und Beamer präsentieren und die Vorteile der Präsentationssoftware nutzen? Beim Präsentieren mit Laptop und Co. gibt es einige Besonderheiten, die sich von einer »normalen« Präsentation unterscheiden. Mit diesem Buch erhalten Sie eine systematische Beschreibung der Methoden, Techniken und Tipps, die Sie beachten sollten, um Ihre Beamer-Präsentation wirkungsvoll zu gestalten.

Aus dem Inhalt: Besonderheiten beim Sprechen und bei der Körpersprache bei Beamer-Präsentationen, Gestaltungstipps, gezielter Einsatz von Effekten und Animationen, Aufbau und Dramaturgie von Charts, Logik der Foliengestaltung und des Folienablaufs, Techniktipps, Notfallmedien

Zum Buch im Internet: www.schilling-verlag.de
Online-Workshop Präsentation, Beispielpräsentationen

Gert Schilling / 24,-Euro / 21x25 cm / 150 Seiten / zahlreiche Abbildungen / ISBN 3-930816-64-4

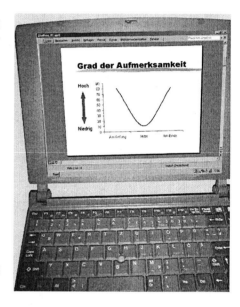

Buch

Verkaufstraining
Der Praxisleitfaden für das beratende Verkaufsgespräch

Mit diesem Buch erhalten Sie eine systematische Beschreibung der Verkaufstechniken für das beratende Verkaufsgespräch.

Aus dem Inhalt: Verkaufsphilosophie, die optimale Vorbereitung, so schaffen Sie ein positives Gesprächsklima, durch die richtige Fragetechnik die Kundenbedürfnisse erfahren, Nutzen und Vorteile überzeugend präsentieren, Kundeneinwände durch Einwandbehandlung auflösen, sichere Preisnennung und Preisverhandlung, erfolgreicher Verkaufsabschluss, langfristige Kundenbindung.

Zum Buch im Internet: www.schilling-verlag.de
Checklisten, Formulare, Vorlagen und Cartoons zum Thema Verkaufstraining

Gert Schilling / 24,- Euro / 21x25 cm / 149 Seiten / zahlreiche Abbildungen / ISBN 3-930816-61-X

Buch

Projektmanagement
Der Praxisleitfaden für die erfolgreiche Durchführung von kleinen und mittleren Projekten

Mit diesem Buch erhalten Sie eine systematische Beschreibung der Projektmanagementmethoden, die Sie für kleine bis mittlere Projekte einsetzen können. Die einzelnen Techniken werden anhand von interessanten Praxisbeispielen erläutert.

Aus dem Inhalt: Projektdefinition, Projektorganisation, Projektphasenmodell, erfolgreicher Umgang mit allen Projektbeteiligten, effiziente Zielfindung und -erreichung. Projektplanung mit Planungsmethoden wie Meilensteinplan, Balkendiagramm, Netzplan, Ablaufplan, Strukturplan, Ressourcenplanung, Kapazitätsplan, Kostenkalkulation und Kostenplan, wirksame Projektsteuerung, Stichtagkontrolle, Trendanalyse, Problemlösungstechniken, Entscheidungstechniken, Informationsermittlung, Projektmeetings, praktische Projektbeispiele.

Zum Buch im Internet: www.schilling-verlag.de
Online-Workshop Projektmanagement, Checklisten, Formulare, Vorlagen, Beispielpläne

Gert Schilling / 24,- Euro / 21x25 cm / 149 Seiten / zahlreiche Abbildungen / ISBN 3-930816-60-1

Buch

Zeitmanagement
Der Praxisleitfaden für Ihr persönliches Zeitmanagement

Mit diesem Buch erhalten Sie eine systematische Beschreibung der Zeitmanagementmethoden, die Sie für Ihr persönliches Zeitmanagement einsetzen können. Die einzelnen Zeitmanagement-Methoden und -Ideen werden anhand von interessanten Praxisbeispielen erläutert. Nützliche Anregungen und Tipps erleichtern Ihnen die positive Veränderung Ihres Zeitmanagements.

Aus dem Inhalt: Was ist Zeitmanagement?, eigene Ziele formulieren, Prioritäten setzen, effizient handeln, sinnvolle Zeitplanung, Einsatz eines Zeitplanbuchs, die »Zeitfresser« fassen und viele Umsetzungstipps.

Gert Schilling/ 24,-Euro / 21x25 cm / 143 Seiten / zahlreiche Bilder / ISBN 3-930816-62-8

Zum Buch im Internet: www.schilling-verlag.de
Online-Workshop Zeitmanagement, Checklisten, Formulare, Vorlagen zum Thema Zeitmanagement, Zeitplanbuch-Formulare und -Pläne

Buch

Moderation von Gruppen

Der Praxisleitfaden für die Moderation von Gruppen, die gemeinsam arbeiten, lernen, Ideen sammeln, Lösungen finden und entscheiden wollen

Mit diesem Buch erhalten Sie eine systematische Beschreibung der Moderationsmethoden. Die einzelnen Moderationselemente werden anhand von interessanten Praxisbeispielen erläutert.

Aus dem Inhalt: Fragetechnik, Kartenfrage, Einpunktfrage, Mehrpunktfrage, Strukturieren, Überschriften bilden, Moderationen vorbereiten, Moderationstechniken, Beispielabläufe, Pinwandeinsatz, Gestaltungstipps, die Rolle des Moderators, Praxistipps.

Gert Schilling / 24,-Euro / 21x25 cm / 167 Seiten / zahlreiche Abbildungen / ISBN 3-930816-59-8

Moderations-Schreibunterlage

Das praktische Untensil für Ihre Moderation. Mit der Moderations-Schreibunterlage haben Sie Ihren »Tisch« in der Hand und können sauber schreiben.

Moderations-Schreibunterlage / Holz / 21x10 cm / 1,-Euro

Zum Buch im Internet: www.schilling-verlag.de
Online-Workshop Moderation,
Online-Workshop Moderations-Schrift,
Cartoons und Videos zum Thema Moderation

Video

Video: Moderationstechnik - Grundlagen und Tipps
Vortrag von Gert Schilling

Mit diesem Video erhalten Sie eine systematische Darstellung der wichtigsten Moderationstechniken in einem lebendigen Vortrag. Die einzelnen Techniken werden anhand von interessanten Beispielen erläutert und mit zahlreichen Praxistipps ergänzt.

Aus dem Inhalt: ✣ Was ist Moderation? ✣ Fragetechniken in der Moderation ✣ Rolle des Moderators ✣ Strukturierungsmöglichkeiten in der Moderation ✣ Vorbereitung einer Moderation

Einblicke in das Video erhalten Sie unter www.schilling-verlag.de

Gert Schilling / 24,-Euro / VHS Video / 65 Minuten

Moderations-CD

Moderation von Gruppen (Multimediale CD-ROM)

Mit dieser CD erhalten Sie einen multimedialen Selbstlern-Workshop zum Thema Moderation. Alle Inhalte werden durch Bilder, Videosequenzen, Praxisbeispiele und ausführliche Texte unterstützt. Inhalte: Was ist Moderation?, Moderationstechnik, Vorbereitung einer Moderation, Gestaltungstipps, Beispielmoderationen, Rolle des Moderators, Tipps zum Thema Moderation.

In über 60 Minuten Videomaterial können Sie die Moderationstechniken an Praxisbeispielen anschaulich miterleben.

Gert Schilling / 24,-Euro
ISBN 3-930816-65-2

Buch

Munterrichtsmethoden
22 aktivierende Lehrmethoden für die Seminarpraxis
von Harald Groß, Betty Boden und Nikolaas Boden

Sie leiten Seminare und sind Experte für Wirtschaftsrecht, PowerPoint, Ernährungslehre oder ein anderes Spezialthema, das für Ihre Teilnehmer spannend oder manchmal auch ein notwendiges Übel sein kann. Als Fachmann oder Fachfrau in der beruflichen Aus-, Fort- oder Weiterbildung wollen Sie Ihr Know-how noch effektiver vermitteln. »Wie kann ich das Interesse der Lernenden wecken und aufrechterhalten?«, fragen Sie sich: »Und wie leite ich die Teilnehmer an zum Problemlösen, Durcharbeiten, Üben, Wiederholen und Anwenden - auf eine Weise, die ihnen Spaß macht und möglichst leicht fällt?«

Diese Methodensammlung richtet sich an Dozenten, Trainer und Hochschullehrer. Sie beschreibt 22 Lehrmethoden für die Erwachsenenbildung, die sich in der Praxis besonders bewährt haben. Zum Beispiel die »Tempo-Thesenrunde«, das »Brillenträgervotum« oder das »Feierabendkino«.

Der Band lädt Sie zum Stöbern ein. Suchen Sie nach neuen Ideen für den Seminaralltag oder nach der passenden Methode für Ihre konkrete Unterrichtssituation. Wir wollen Ihnen Appetit auf leicht verdauliche Lehrmethoden machen und Sie zum munteren Ausprobieren verführen.

Harald Groß, Betty Boden und Nikolaas Boden/ 24,-Euro / 21 x 25 cm / mit Illustrationen von Nikolaas Boden /
ISBN 3-930816-18-0

Buch

Von Kopf bis Fuß auf Lernen eingestellt
Ein munteres Lernhandbuch
von Harald Groß, Nikolaas Boden und Betty Boden

Sie lernen englische Vokabeln, Finanzbuchhaltung oder Sie arbeiten sich in ein neues Fachgebiet ein und suchen nach dem passenden Lernweg. „Wo und wie soll ich anfangen?", fragen Sie sich „Wie kann ich schnell und angenehm möglichst viel lernen?".

Dieses Lernhandbuch richtet sich an Lernende in Schule, Ausbildung, Studium und Beruf. Es stellt vielfältige Lernwege und praktische Lernmethoden vor, aus denen Sie die jeweils geeignete Strategie für sich auswählen und anpassen können. Zahlreiche interessante Experimente laden zum Ausprobieren ein.

Und weil für erfolgreiches Lernen mehr nötig ist als nur „Köpfchen", werden Sie von Kopf bis Fuß angesprochen und gefordert.

Harald Groß, Nikolaas Boden und Betty Boden / 24,-Euro / 21 x 25 cm / 149 Seiten/mit Illustrationen von Nikolaas Boden / ISBN 3-930816-17-2

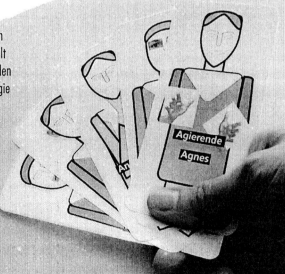

Buch

Seminar-Spiele
Kennenlernspiele, Auflockerungsspiele, Feedbackspiele und Interaktionsspiele

Mit diesem Buch erhalten Sie eine systematische Beschreibung von Seminar-Spielen, die sich in der Seminarpraxis bewährt haben. Die einzelnen Spiele sind ausführlich beschrieben, so dass Sie sie problemlos anwenden können. Es sind einige sehr interessante und lebendige Spiele enthalten, bei denen Sie Ihre Seminar-Jonglier-Bälle einsetzen können. Zu jedem Spiel erhalten Sie Hinweise für die Reflexionsphase, damit Sie die Spiele gemeinsam mit Ihren Teilnehmern gezielt auswerten können. Entscheidend ist, dass die Spiele sinnvoll in den Seminarablauf integriert werden. Das Buch gibt Tipps, welche Spiele zu speziellen Seminarinhalten passen.

Welches Spiel passt zu welchem Seminar? Anhaltspunkte finden Sie im Buch in einer »Spiele-Einsatzmatrix«. Als Themen stehen zur Auswahl:

✣ Führen ✣ Verkauf/Verhandeln ✣ Gruppendynamik ✣ Kommunikation ✣ Konflikt ✣ Train the Trainer ✣ Projektmanagement ✣ Zeitmanagement ✣ Präsentation ✣ Teamentwicklung ✣ Kreativitätstechnik ✣ Qualitätsmanagement

Alle Seminar-Spiele sind ausführlich beschrieben und anschaulich bebildert

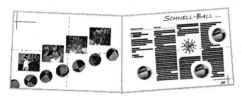

Zum Buch »Seminar-Spiele« erhalten Sie drei hochwertige Seminar-Jonglier-Bälle (Beanbag-Soft/70mm/130gr.)

Gert Schilling / 34,- Euro / 28x19 cm / 133 Seiten / zahlreiche Bilder / ! inclusive 3 Seminar-Jonglier-Bälle / (Buch ohne Bälle 24,- Euro) / ISBN 3-930816-63-6

Die Zuordnung kann Ihnen als Hinweis dienen. Natürlich gibt es immer Themenüberschneidungen und einige Spiele, die zu »allen« Themen passen. Einige Spiele lassen sich durch eine kleine Veränderung auf andere Themen anwenden. Sie dürfen kreativ werden.

Zum Buch im Internet: www.schilling-verlag.de
Online-Workshop Seminarspiele, Kopiervorlagen zu den Spielen

Lern-Utensilien

Seminar-Jonglier-Bälle
Bälle: Beanbag-Soft / 70mm Durchmesser / 130 Gramm/strapazierfähig - Farben: rot/pink/grün/violett/blau/orange/gelb) Preise: 1 Ball: 4,90 Euro / 3 Bälle: 14,40 Euro (incl. Anleitung 3-Ball Jonglage) / 6 Bälle: 27,60 Euro (incl. Anleitung 3-Ball Jonglage) jeder weitere Ball 4,50 Euro

Seminar-Jonglier-Teller
Jonglierteller: 24cm Durchmesser/incl. Stab - Farben: gelb/rot/grün

Preise: 1 Jonglierteller mit Stab 3,50 Euro (incl. Anleitung zur Teller-Jonglage)

Im Internet: www.schilling-verlag.de
Online Workshop 3-Ball-Jonglage und Teller-Jonglage

Großer Schaumstoff-Würfel
Für Ihre Seminar-Würfelaktionen. Hochwertige Schaumstoffwürfel für den Seminareinsatz. PU-Schaumstoff, Würfelfarbe rot, deutlich ausgefräste Würfelaugen in gelb
Größe: 16 x 16 cm Preise: 1 Würfel 6,50 Euro

Buch

Einfach Coaching
Das Praxisbuch für Führungskräfte, Projektleiter und Personalverantwortliche
von Thomas A. Knappe / Jürgen Straßburg

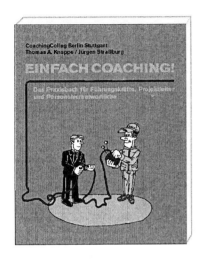

»Einfach Coaching« ist ein Buch aus der Praxis für diejenigen in der Praxis, die sich — in welcher führenden Rolle auch immer — dem Thema Coaching nähern möchten. In »Einfach Coaching« sind Sie aufgefordert, sich mit dem Thema Führung und Coaching, von der Strukturierung des Coachings über Coaching-Werkzeuge bis hin zu den Besonderheiten Ihrer Coach-Rolle intensiv und praxisnah zu beschäftigen. »Einfach Coaching« kann darüber hinaus Coaching-Seminare oder -Workshops begleiten oder ergänzen.

Die Autoren sind langjährig im Coaching und in der Führungskräfteentwicklung tätig. Sowohl in der Praxis wie auch hier im Buch ist es ihnen wichtig, die Dinge auf den Punkt zu bringen. Statt umfangreicher, theoretischer Abhandlungen sollen prägnante und eindeutige Ausführungen zeigen, wie es gehen kann: Führen **und** Coachen. Die Theorie ist daher angemessen einfach — aber nicht einfacher (!) — gehalten.

Fallbeispiele, Übungen, Tipps und Tricks, Checklisten und Fragebögen zur Selbsteinschätzung führen in das Thema ein, vertiefen es und bieten Gelegenheit zur Reflexion.

Thomas A. Knappe / Jürgen Straßburg / 24,- Euro / 21x25 cm / 168 Seiten /zahlreiche Abbildungen / ISBN 3-930816-19-9

Internet

www.schilling-verlag.de

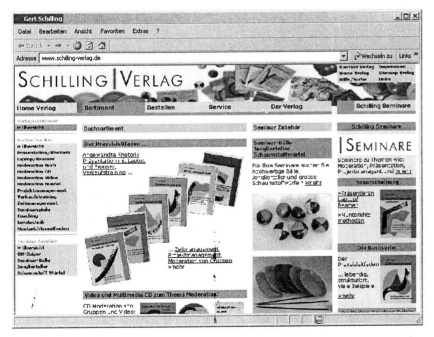

www.schilling-verlag.de
Der Besuch im Internet lohnt sich!

Einblicke in alle Bücher, Bestellmöglichkeit und mehr ...

Dateien und Checklisten zum Thema
✛ Projektmanagement ✛ Verkaufstraining ✛ Präsentation ✛ Zeitmanagement ✛ Seminar-Spiele ✛ und mehr ...

Cartoons und Bilder zum Thema
✛ Präsentation ✛ Moderation ✛ Verkauf

Videoclips zum Thema
✛ Moderation ✛ Seminar-Spiele ✛ und mehr ...

Online Workshop zum Thema
✛ Moderation ✛ Zeitmanagement ✛ Projektmanagement ✛ Seminar-Spiele ✛ und mehr ...

Viel Spass beim Stöbern!

Schilling Seminare

Schilling Seminare

Interesse an einem Seminar?
Ich biete Seminare zu folgenden Themen an:

- Moderationstraining
- Gruppenarbeit
- Präsentationstraining
- Laptop-Beamer Präsentation
- Kreativitätstechnik
- Projektmanagement
- Kommunikationstraining
- Telefontraining
- Verkaufstraining
- Zeitmanagement
- Train the Trainer
- Seminar-Spiele

www.schilling-seminare.de
Informationen zu den Seminarangeboten ✣ Termine zu offenen Seminaren ✣ Referenzen ✣ Vorstellung Gert Schilling

Kontaktadresse: Seminare und Verlag

Schilling Seminare / Verlag
Dipl.-Ing. Dipl.-Päd. Gert Schilling
Dieffenbachstraße 27
10967 Berlin

Tel.: 030 / 690 418 46
Fax: 030 / 690 418 47

mail@gert-schilling.de
www.schilling-verlag.de
www.schilling-seminare.de

Rückbrief / Rückfax

Name _____

Straße _____

PLZ Ort _____

Tel./Fax _____

Email _____

Schilling Seminare / Verlag
Gert Schilling
Dieffenbachstraße 27

10967 Berlin

Tel.: 030 / 690 418 46
Fax: 030 / 690 418 47
mail@gert-schilling.de

Versand und Portokosten: ab 20,-Euro Bestellwert versandkostenfrei für Sie / bis 20,-Euro Bestellwert zzgl. 4,50 Euro Porto/ Verpackung pauschal.

Ich bestelle folgende Anzahl Artikel:

_____ Buch: Angewandte Rhetorik und Präsentationstechnik
_____ Buch: Präsentieren mit Laptop und Beamer
_____ Buch: Moderation von Gruppen
_____ Buch: Projektmanagement
_____ Buch: Verkaufstraining
_____ Buch: Zeitmanagement
_____ Buch: Munterrichtsmethoden
_____ Buch: Von Kopf bis Fuß auf Lernen eingestellt
_____ Buch: Einfach Coaching
_____ Buch: Seminar-Spiele ☐ incl. 3 Jonglierbälle ☐ ohne Bälle
_____ Video: Moderationstechnik-Grundlagen und Tipps (Vortrag)
_____ CD: Moderation von Gruppen-Multimediale CD-ROM
_____ Moderations-Schreibunterlage
_____ »Overhead-Zeigestab-Hand« Farbe rot
_____ »Overhead-Zeigestab-Pfeil«   Farbwunsch: _____
_____ »Seminar-Jonglier-Bälle«   Farbwunsch: _____
_____ »Seminar-Jonglier-Teller«   Farbwunsch: _____
_____ »Großer Schaumstoff-Würfel« Farbe rot

--- --- Rückbrief / Rückfax --- --- --- --- --- --- --- --- --- --- ---

Name _____

Straße _____

PLZ Ort _____

Tel./Fax _____

Email _____

Schilling Seminare / Verlag
Gert Schilling
Dieffenbachstraße 27

10967 Berlin

Tel.: 030 / 690 418 46
Fax: 030 / 690 418 47
mail@gert-schilling.de

Versand und Portokosten: ab 20,-Euro Bestellwert versandkostenfrei für Sie / bis 20,-Euro Bestellwert zzgl. 4,50 Euro Porto/ Verpackung pauschal.

Ich bestelle folgende Anzahl Artikel:

_____ Buch: Angewandte Rhetorik und Präsentationstechnik
_____ Buch: Präsentieren mit Laptop und Beamer
_____ Buch: Moderation von Gruppen
_____ Buch: Projektmanagement
_____ Buch: Verkaufstraining
_____ Buch: Zeitmanagement
_____ Buch: Munterrichtsmethoden
_____ Buch: Von Kopf bis Fuß auf Lernen eingestellt
_____ Buch: Einfach Coaching
_____ Buch: Seminar-Spiele ☐ incl. 3 Jonglierbälle ☐ ohne Bälle
_____ Video: Moderationstechnik-Grundlagen und Tipps (Vortrag)
_____ CD: Moderation von Gruppen-Multimediale CD-ROM
_____ Moderations-Schreibunterlage
_____ »Overhead-Zeigestab-Hand« Farbe rot
_____ »Overhead-Zeigestab-Pfeil«   Farbwunsch: _____
_____ »Seminar-Jonglier-Bälle«   Farbwunsch: _____
_____ »Seminar-Jonglier-Teller«   Farbwunsch: _____
_____ »Großer Schaumstoff-Würfel« Farbe rot